N'HABITE PLUS
À L'ADRESSE INDIQUÉE

MAURICE GROSMAN
avec François Taillandier

N'HABITE PLUS À L'ADRESSE INDIQUÉE

récit

l'Archipel

www.editionsarchipel.com

Si vous souhaitez recevoir notre catalogue
et être tenu au courant de nos publications,
envoyez vos nom et adresse, en citant ce livre,
aux Éditions de l'Archipel,
34, rue des Bourdonnais 75001 Paris.
Et, pour le Canada,
à Édipresse Inc., 945, avenue Beaumont,
Montréal, Québec, H3N 1W3.

ISBN 978-2-8098-0137-8

1

Fin 1942

Le fourgon roule sur le pavé avec un bruit qui redouble celui du moteur. Chaque secousse se répercute en un élancement douloureux, de la hanche au genou.

Assis, ou plutôt recroquevillé dans l'étroit habitacle, l'infirmier, petit bonhomme placide, regarde par la vitre de la portière arrière tout en triturant sa moustache.

Une désagréable odeur de gaz d'échappement se mêle à des remugles d'éther, ajoutant la nausée à la lancinante douleur.

Je me tords le cou pour tenter, moi aussi, de voir au-dehors : mais, allongé comme je le suis sur mon brancard, seuls m'apparaissent en contrebas des sommets d'arbres, le dernier étage des immeubles et un ciel gris, pesant, sans luminosité.

De toute façon, ça ne me servirait pas à grand-chose d'en voir davantage. Nous roulons dans la banlieue de Paris, c'est à peu près tout ce que je sais.

Hier soir, on m'a dit que j'allais changer d'hôpital. Une infirmière a placé dans ma petite valise les vêtements que je portais au début, le jour où le médecin m'a dit que je ne rentrerais pas à la maison.

C'est si loin ! Ça remonte au mois de juin dernier...

Six mois déjà, que j'ai passés allongé dans un lit, avec ce plâtre qui rend le moindre mouvement malaisé. Ce que je ressens, c'est ce que doit ressentir un coléoptère tombé sur le dos.

J'ai entendu que nous allions à Garches. Ce sera mon quatrième hôpital.

Cette odeur écœurante. Ces secousses. Je voudrais m'endormir, au moins somnoler un peu. Mais une sourde inquiétude me tient éveillé.

Enfin, je m'enhardis :

— S'il vous plaît, monsieur, c'est encore loin ?

L'infirmier lâche un soupir du bout des lèvres, puis met un long temps à me répondre, comme si la question l'avait tiré d'une profonde rêverie :

— Bah... Un quart d'heure...

Encore des frondaisons déplumées et, de loin en loin, un immeuble haut, étroit, à façade de brique, comme on peut en voir partout aux alentours de Paris.

Arrêts. Démarrages. Virages à angle droit qui me tirent vers le bord du brancard.

Enfin, le fourgon ralentit, puis tourne et franchit au pas un ultime cahot : sans doute passons-nous un portail. On roule encore à petite vitesse et, enfin, le véhicule s'arrête.

Il était temps. J'ai vraiment mal au cœur.

L'infirmier ouvre le battant de la porte arrière et descend en sifflotant, puis se penche de nouveau à l'intérieur pour saisir ma valise, ainsi que le classeur cartonné qui contient mon dossier.

— Encore un peu de patience, ils viennent te chercher.

De la patience ! Combien de fois depuis des mois m'a-t-on recommandé de patienter ? Je ne fais que ça, patienter.

Au-dehors, quelqu'un l'a rejoint. Je les entends échanger brièvement quelques mots. Enfin, un gros type costaud empoigne mon brancard, qu'il fait glisser vers lui ; un autre homme en blouse blanche s'en saisit à l'autre bout.

Le froid vif du dehors me surprend. Je tire jusqu'à mes épaules la rugueuse couverture brune qui ne sent pas très bon, elle non plus. J'ai le temps d'apercevoir une façade de pierre à hautes fenêtres, ainsi qu'une porte solennelle au sommet de quelques marches.

On me dépose dans un hall pavé de travertin. Portes blanches ajourées, tableaux recouverts de paperasses affichées. Un malade en pyjama blanc, affalé sur deux béquilles, me dévisage, l'air abruti d'ennui. Et de nouveau cette odeur fade et entêtante d'eau de Javel et d'éther.

Enfin, une femme de stature imposante et d'allure énergique sanglée dans un tablier blanc, avec une sorte de cornette sur les cheveux, s'approche et saisit le dossier que l'infirmier lui tend. Elle l'ouvre, le feuillette.

L'inquiétude continue de me tarauder. Personne ne m'a dit pourquoi on m'amenait là. J'ignore aussi ce qui est écrit dans le dossier. Qu'est-ce qui m'attend encore ?

Le nez plongé dans les papiers, l'infirmière hoche la tête :

— Ah, d'accord... Ben dites donc, il en a pour un petit moment, celui-là... Bon, vous allez me l'emmener au premier... La chambre 16. C'est celle des longues durées. On a pu libérer deux lits cette semaine...

Les « longues durées ». Ces mots me sont tombés sur le cœur comme un poids. Je suis une « longue durée ».

Tout en parlant, elle feuillette toujours les papiers, et pose enfin les yeux sur moi :

— Ça va, mon gars ?

— J'ai mal...

Elle approuve d'un mouvement de tête avec une moue des lèvres, sans faire de commentaires, puis, regardant de nouveau le dossier :

— Grosman... Dans le XVIIIe... Ils font quoi, tes parents ?

— Euh... Tailleurs. Couturiers.

— Je vois...

« Je vois » ? Qu'est-ce qu'elle voit donc ? Je ne comprends pas ce qu'elle veut dire.

Puis elle se tourne de nouveau vers l'infirmier :

— Au fond, il a peut-être plus de chance qu'il ne croit, celui-là...

De la chance ? Pourquoi donc ai-je de la chance ? Et pourquoi voulait-elle connaître le métier de mes parents ?

Mais je n'ose rien demander, et elle n'éprouve pas le besoin de m'en dire davantage. Les adultes sont ainsi. Jamais, au cours de tous ces mois, on n'a pris la peine de m'expliquer quoi que ce soit.

— Allez, on y va !

De nouveau, on me soulève. L'escalier oblige les deux hommes à incliner légèrement le brancard et je me sens partir vers l'extrémité. Cela fait mal. Ils n'ont pas l'air de s'en douter.

Un long couloir, semblable à d'autres couloirs au long desquels on m'a traîné depuis le printemps dernier, dans d'autres bâtiments semblables, avec la même odeur et les mêmes employés vêtus de blanc. Enfin, l'infirmière ouvre une porte devant les porteurs de brancard.

— Voilà ! Vous me l'installez dans le troisième lit à gauche... Je reviens te voir tout à l'heure, mon garçon.

Elle s'éclipse.

Nous entrons. C'est une vaste salle, meublée d'une dizaine de lits de chaque côté. Un poêle se dresse au milieu, dont le tuyau grimpe jusqu'au plafond verdâtre. Des paires d'yeux se tournent dans ma direction. Il y a des enfants plus petits que moi ; d'autres au contraire sont des grands de quatorze ou quinze ans.

Les deux infirmiers déposent leur fardeau, puis me soulèvent en me prenant sous les épaules et les genoux pour m'allonger sur le lit. Encore un élancement à travers la hanche et la cuisse. Je grimace et gémis.

— Et voilà, mon gars... Tu y es... Allez, du courage !

Du courage. Ça aussi, c'est mon pain quotidien. De la patience, du courage. Les grandes personnes disent de telles choses, qui n'ont aucun sens. C'est quoi, du courage ?

De toute façon, je suis bien obligé de supporter ce qu'on me fait subir. Quand on n'a pas le choix, on n'a besoin ni de courage ni de patience. On endure, c'est tout.

Je soupire tandis qu'ils quittent la chambre.

Voici donc mon nouveau décor. Rien de bien différent de ce que j'observe tous les jours depuis des mois. Un décor où, dès la première minute, on a fait le tour de ce qu'il y avait à voir, tout simplement parce qu'il n'offre rien d'intéressant. Les murs verdâtres, le poêle dans la lumière blafarde tombant de la fenêtre, là-bas, tout au fond.

Le décor de la solitude et de l'ennui.

En face de moi, il y en a deux qui discutent à voix basse. Certains ont l'air de dormir. D'autres lisent. Ce seront eux, mes copains, maintenant. Ils remplaceront ceux que j'ai déjà laissés derrière moi dans trois autres hôpitaux.

Les mots de l'infirmière me reviennent à l'esprit : « Il a peut-être plus de chance qu'il ne croit, celui-là... »

De la chance ? Qu'est-ce qu'elle a voulu dire ? Cela s'ajoute à tous les mystères angoissants qui entourent ma vie.

*

Des heures ont passé. Peu à peu, je m'abandonne à une morne torpeur, je me laisse flotter dans la somnolence. Des images se forment en moi, des sensations. Cela roule encore... Je suis allongé, toujours allongé... La trépidation me porte... Ce n'est pas une automobile, c'est un train, au rythme lent, très lent. Par la fenêtre, en m'étirant le cou, je parviens à apercevoir des arbres, des poteaux télégraphiques.

Puis la vitesse ralentit encore et, dans de pénibles grincements d'essieux, le train s'immobilise. Je suis dans une gare. À présent, je ne sais trop comment, je vois ce qui se trouve au-dehors.

Un décor anonyme : des piliers, des auvents, des hommes en casquette qui déambulent, des gens qui attendent.

Et là, subitement, sur le quai, j'aperçois mon père et ma mère, mes sœurs, mon petit frère Simon. Peut-être sont-ils là pour m'accueillir ? Peut-être va-t-on venir me chercher, me porter jusqu'à eux ? Je leur fais de grands signes, je tape à la vitre, mais on dirait qu'ils ne me voient pas. Ils ne bougent pas, ils n'ont aucune expression, ils semblent attendre sans savoir ce qu'ils attendent. Ils ne regardent même pas dans ma direction. Je m'impatiente, gesticule, mais en vain, la fenêtre du compartiment est fermée et voici que le train redémarre péniblement, en soufflant avec bruit. C'est une erreur... On a oublié de me faire descendre ici... Comment alerter qui que ce soit, maintenant, comment faire arrêter ce train qui ne devait pas m'emporter ?

— Le voici, docteur !

Je rouvre les yeux.

J'étais presque parvenu à m'endormir. Du moins, à plonger dans cette somnolence incertaine que viennent peupler de vagues rêves, toujours semblables, mais qui a l'avantage de faire passer le temps. À l'hôpital, c'est toujours quand on arrive à dormir que quelqu'un survient : pour le repas, pour le médicament à prendre, pour la toilette...

De nouveau le décor pauvre de la chambrée, les murs vides, la lumière blafarde.

Au pied de mon lit se tient l'infirmière de tout à l'heure, accompagnant un homme d'une cinquantaine d'années, plus petit qu'elle et rond de visage comme de corps, le cheveu grisonnant, le nez chaussé d'épaisses lunettes.

— Longtemps qu'il est arrivé ?

L'homme parle vite, articulant à peine.

— Vers 9 heures... Voici le dossier.

— Mmh... Faites voir... Ça va, garçon ? Voyons, voyons... Fêlure sous l'articulation iliaque... Bien sûr, ça s'est aggravé à l'hôpital... Les os de la hanche sont attaqués... Ah, c'est une vacherie, ça, c'est sûr. Très mal placé... Tu as de la fièvre, des fois ? Découvrez-le...

Il parle sans me regarder, sans attendre les réponses aux questions qu'il me pose. Il se penche sur le plâtre, palpe ma jambe à l'endroit où elle n'est pas couverte.

— Si on soulève le genou, ça fait mal ? Mmh... Bon... Vous veillerez à éviter toute formation d'escarres...

Il tend le nez vers le plâtre :

— Ça ne sent pas très bon... Il faudra continuer à ponctionner...

D'un geste distrait, il rabat la couverture.

Les ponctions : le supplice régulier. Le frottement du plâtre contre la chair provoque fréquemment une infection, des suppurations qu'il faut nettoyer et qui se reforment. Le traitement est aussi pénible à subir que le mal lui-même.

Le médecin continue à parcourir mon dossier du regard :

— Mmh... Bon, de toute façon on opérera d'ici peu... Je verrai les parents. Pour le moment, continuez le traitement comme il est.

— Bien, docteur.

Déjà il a tourné le dos et file vers la porte, pressé, en remontant du doigt ses grosses lunettes.

L'infirmière, elle, reste là :

— Bon, eh ben on va t'installer un peu... Le docteur que tu as vu, c'est le docteur Daviel, le chef du service. Moi, je suis Mlle Angéline, la surveillante.

Tout en parlant, elle a ouvert ma valise ; elle en explore le contenu, saisit une photographie dans un cadre.

— Je te la pose sur la table de nuit ? C'est ta famille ?

— Oui, madame.

— Mademoiselle. Dis donc, vous êtes nombreux...

— J'ai trois sœurs et un petit frère.

— Et quand est-ce qu'ils viennent te voir, alors, tes parents ? Tu as entendu, le docteur veut leur parler...

— Ben... Je ne sais pas, mademoiselle.

— Comment ça ! Tu ne sais pas quand tes parents viendront te voir ? Ils ne t'ont pas dit ?

— Ça fait longtemps qu'ils ne sont pas venus. Je ne sais pas pourquoi.

— Ah...

Elle hoche la tête, posant sur moi des yeux pensifs. Je me prends à espérer qu'elle va me dire quelque chose. Peut-être qu'elle sait, elle, pourquoi ils ne viennent plus ?

Mais non, le miracle ne se produit pas. Elle dit seulement :

— Bon, eh bien ne t'en fais pas, on verra ça...

Elle désigne mon plâtre :

— Et comment tu t'es fait ça, dis donc, raconte un peu ?...

— C'est à l'école, mademoiselle...

2

Paris, XVIIIe arrondissement, printemps 1942

Durant un après-midi entier, ma mère avait cousu les étoiles, soigneusement, solidement, sur les tabliers d'école, pour mes trois sœurs, mon frère et moi.

Elle s'était assise auprès de la fenêtre, dans l'unique pièce qui composait notre logis, et nous la regardions travailler, intrigués.

Elle cousait à petits points serrés, précis, branche après branche. Tout ce que faisait ma mère, elle le faisait toujours de son mieux, avec application.

Ç'avait été toute une affaire, ces étoiles. Elle en avait parlé dès la semaine précédente. Il avait d'abord fallu aller les acheter, en utilisant les « bons de textile » désormais distribués à la mairie et chichement comptés. Nous l'avions entendue en parler avec la voisine en se lamentant :

— J'aurais bien préféré garder mes bons pour des vêtements ! Pour Simon, j'ai les affaires que Maurice ne porte plus, mais Maurice, lui, il grandit...

Mais c'était comme ça. Il fallait acheter les étoiles, les payer et les coudre soi-même. À l'épicerie, où elle parlait avec d'autres femmes du quartier, certaines disaient qu'elles ne le feraient pas, que leur mari s'y opposait. Ma mère, elle, se soumettait :

— La vie est assez compliquée comme ça, soupirait-elle, mieux vaut le faire...

Et maintenant elle cousait, penchant sur l'ouvrage un visage autrefois plutôt rond et plein, aujourd'hui fatigué. Il était important que ce soit solidement fixé. On racontait qu'une étoile mal cousue pouvait vous valoir de graves ennuis. Il fallait qu'on ne puisse même pas passer un crayon entre l'étoile et le vêtement !

— Mais ça sert à quoi, maman ? avait demandé Berthe.

— À montrer qu'on est juifs.

Je regardais, j'écoutais, sans piper mot. Je n'avais rien à en dire. Jusqu'ici, je trouvais ça joli, une étoile. J'en dessinais parfois sur mon cahier : celle à cinq branches, qui se fait en cinq lignes, sans lever le crayon ; celle à six branches, formée de deux triangles entrecroisés. Mais celle-ci avait quelque chose de laid, en effet, et maman semblait inquiète, alors j'étais inquiet aussi. Et puis tout ce travail pour coudre ces fameuses étoiles... Déjà que papa n'était plus là...

Et pourquoi fallait-il « montrer » qu'on était juifs ?

Juif, je savais ce que c'était. J'avais déjà répondu fièrement aux questions de mon petit frère sur le sujet. Notre père était très pieux, il mettait chaque matin le châle et les *tefillin*, récitait la prière avant et après le repas. Chaque semaine, il m'emmenait à la synagogue – privilège d'aîné ; là, le rabbin nous apprenait la Torah et la langue hébraïque, à moi et à d'autres enfants du quartier. Mieux : il arrivait parfois à mon père de remplacer le rabbin et de mener entièrement l'office. Ces jours-là, j'étais fier, drôlement fier !

C'était ça, être juifs. Enfin, la plupart du temps, parce qu'il y en avait aussi, parmi nos voisins et les gens du quartier, qui se disaient juifs mais qu'on ne voyait pas à la synagogue. D'autres, parmi les camarades d'école, allaient à l'église le dimanche matin et au « caté », comme ils disaient. Je ne savais pas trop ce que c'était. Je ne m'en souciais d'ailleurs guère. C'étaient d'autres familles que la mienne, où les choses se passaient différemment, voilà tout.

Je savais également que mes parents étaient venus de Pologne, comme une bonne partie de notre famille.

— Mais, maman, on est quand même des Français ?... demandait Berthe.

— Oui, ma chérie...

Simon était intervenu, nerveux :

— Et papa ? Quand est-ce qu'il reviendra, papa ? Il est reparti à la guerre ?

— Non. Il n'y a plus de guerre.

— Alors, où il est ? Pourquoi il ne revient pas ?

— Il faut attendre. Il est à Drancy.

Un silence s'était installé. Elle disait « il faut attendre », mais j'avais l'impression qu'elle le disait par habitude, comme si elle-même n'y croyait plus. C'était désormais ainsi chaque fois que l'on parlait de lui. « Il faut attendre. » Nous devions nous contenter de cette phrase. De ça, et puis de : « Il est à Drancy. » Un nom que nous ne connaissions pas auparavant. Et maintenant c'était devenu comme un refrain, un sinistre refrain. Drancy. On entendait parler de gens qui étaient à Drancy. En général, on baissait la voix pour le dire.

Nous n'y comprenions pas grand-chose.

Simon poursuivait son idée :

— Papa, il s'est battu pour la France !

— Oui, mon petit. Il était volontaire. Quand on voit comment la France le remercie...

Elle soupirait, lassée :

— Si vous alliez jouer un peu en bas, maintenant ? J'ai tellement de travail.

Jouer en bas... Nous étions descendus, obéissants. J'avais posé mon bras sur les épaules de Simon. Je sentais en lui la même anxiété qu'en moi, cette boule dans l'estomac. Mais je ne devais pas lui avouer ma propre inquiétude ; je pensais que mon rôle était de le protéger. Nous avions vingt mois de différence, pas plus, et nous étions les deux garçons. Cela nous rapprochait. C'était le compagnon de jeux, le complice. Je n'imaginais pas ma vie sans lui.

Nous avions peur, mais sans savoir de quoi. Et, le pire, c'est que les grandes personnes ellesmêmes semblaient avoir peur. Cela, c'était terrible. Les adultes savent tout, d'habitude, ils sont forts, ils prévoient, on peut s'en remettre à eux pour tout ce qui est essentiel, avoir un logis, manger... Mais, à présent, nous sentions la crainte de notre mère. Et puis, papa n'était plus là : nous n'étions plus tout à fait sûrs d'être protégés contre les menaces du monde. C'était comme un toit qui a des trous et laisse passer la pluie.

Et le lendemain, donc, nous partîmes pour l'école en arborant l'étoile sur nos tabliers gris.

Ça faisait tout drôle. Ça attirait l'œil. Tout en marchant, je baissais le nez vers cette tache jaune vif qui ne se laissait pas oublier.

Sitôt franchie la porte de l'école de la rue Foyatier, où j'étais inscrit en compagnie de Simon, les questions et les remarques fusèrent.

— Wouaah... C'est quoi ?

— Vous allez avoir ça tout le temps ?

Sept ou huit autres élèves de ma classe portaient l'insigne, eux aussi.

— C'est quoi, un juif ?

— Un juif, tu sais pas c'que c'est ? C'est un youpin !

— C'est une religion !

Chacun y allait de sa définition, bonne ou mauvaise. En tout cas, c'était l'attraction du jour.

D'emblée, je sentis que je n'aimais pas ça du tout. Cette grosse tache jaune, bien visible, qui nous distinguait, nous isolait en même temps. C'était un peu comme s'il avait fallu se promener tout nu ou dans une tenue ridicule ; ou encore comme si l'on était affligé d'une difformité. Nous n'étions plus semblables aux autres. Et puis je percevais autre chose, que je n'aurais pu définir. Une menace inconnue et terrible qui approchait. Ils avaient peut-être raison, ceux qui disaient qu'il ne fallait pas la porter ?

Mes inquiétudes n'étaient pas infondées. À la récréation, j'aperçus Simon qui demeurait debout dans un coin, immobile, le visage penaud. J'allai le rejoindre.

— Qu'est-ce que tu as ? Ça ne va pas ?

Simon pleurnichait à moitié :

— Y'a des gars, ils ont dit qu'ils ne me parleraient plus...

— Et pourquoi ?

— Ils ont dit que j'étais un youpin.

Je ne sus que répondre. Mon impression du matin se confirmait. Ça ne sentait pas bon, cette histoire. Pas bon du tout. Je fus envahi par une bouffée de panique en même temps que de colère ; j'eus envie de pleurer. Mais je devais m'occuper de Simon.

Je l'entraînai vers deux de mes camarades qui, assis par terre, jouaient aux osselets. Nous aussi, nous avions des osselets. J'étais même assez habile à ce jeu.

— On peut venir avec vous ?

L'un des gamins haussa les épaules, sans enthousiasme :

— Si vous voulez...

Nous nous assîmes à notre tour et une partie à quatre commença. Mais je sentais que l'envie n'y était pas. Une espèce de barrière invisible était tombée entre nous et les autres.

Un peu plus tard, en regagnant le rang pour retourner dans la classe, j'entendis un élève, devant moi, qui donnait des explications aux autres :

— Mon père, il dit qu'il y en a trop ! Ils font plein de métiers importants, ils s'arrangent toujours entre eux, ils ont tout l'argent, c'est plus les Français qui dirigent la France ! Mais maintenant, ça va changer...

— Maintenant, c'est les Boches qui dirigent ! avait lancé un autre, rigolard.

Sur ces entrefaites, l'instituteur, M. Barbu, était intervenu :

— Je vous défends de parler de ces choses-là. Ça ne regarde pas les enfants de votre âge !

Je tournai les yeux vers lui avec reconnaissance et même un certain espoir. M. Barbu était un maître sévère, mais sans excès ; jamais il ne criait. Quand il donnait un ordre de sa voix ferme et calme, on lui obéissait. Sans doute avait-il observé ce qui se passait dans la cour de récréation car, une fois que nous fûmes sagement assis dans la classe, il entreprit de nous faire un petit discours sur le sujet :

— Vous avez remarqué que, depuis ce matin, certains de vos camarades portent une étoile... Cela ne doit rien changer entre vous. À l'école, tous les élèves sont égaux. D'ailleurs, tous les Français sont égaux. Et vous devez tous rester de bons camarades.

Cela partait d'un bon sentiment, mais il ne fut guère entendu. Les jours suivants, l'atmosphère de la cour de récré se dégrada encore. Une bande s'était formée parmi les plus grands. Ils étaient quatre ou cinq qui défilaient en se tenant par les épaules et en scandant : « Dehors, les youpins ! » Du coup, certains de ceux qui étaient visés s'étaient rebiffés. Des bagarres avaient éclaté, des genoux avaient saigné, des lunettes avaient voltigé, des vêtements avaient été déchirés... M. Barbu avait dû distribuer quelques punitions. D'un naturel plutôt paisible, j'essayais d'ignorer les provocations, d'éviter les conflits. En même temps, je ressentais violemment l'injustice : c'était nous qui étions injuriés, mis à l'écart, et en plus il aurait fallu encaisser, courber l'échine !... Nous aurions bien eu le droit de nous défendre. Seulement, nous n'étions pas les plus nombreux. Je commençai vraiment à prendre peur.

Plus d'une fois, durant cette période, je rentrai à la maison le cœur gros. J'avais plutôt bien aimé l'école, moi, jusqu'à présent. Et maintenant...

Quelques jours plus tard, à la sortie de 5 heures, lorsque comme d'habitude je cherchais des yeux mon petit frère parmi la cohue des élèves, je l'aperçus aux prises avec trois énergumènes, dont l'un lui avait saisi le poignet, qu'il tordait vers l'arrière. Ses affaires, échappées de son cartable grand ouvert, étaient répandues sur le sol.

Fou de rage, je courus et bondis sur l'agresseur.

— Lâche-le ! Fiche-lui la paix ! Il t'a rien fait.

Je l'avais empoigné, je le tirais vers l'arrière. Il lâcha le bras de Simon. C'est à ce moment-là qu'un des deux autres s'avança vers moi par le côté et me lança, de toute ses forces, un coup de pied. Un pied chaussé d'un gros brodequin ferré, qui m'atteignit à la hanche.

La douleur me transperça littéralement l'articulation, et je m'effondrai sur le sol en grimaçant.

3

— Eh... Psst... Salut... Tu t'appelles comment ?

Tiré de ma rêverie, je me tourne vers le garçon installé dans le lit voisin.

— Salut... Je m'appelle Maurice.

— Moi, c'est Samuel.

Il a les cheveux très bruns et épais, les yeux noirs, un visage avenant où flotte un sourire résigné. Lui, il a tout le bras droit et l'épaule plâtrés.

— Je t'ai entendu parler avec Mlle Angéline, reprend-il. Alors comme ça, tu ne vois plus ta famille ? Moi, c'est pareil... Depuis l'été.

Je me tourne vers mon autre voisin, un blondinet à taches de rousseur. À la vérité, ce n'est pas que j'aie très envie de parler, mais je me dis qu'il faut faire un effort ; on ne va pas rester là, sans rien se dire, pendant des heures...

— Et toi, c'est comment, ton prénom ?

— Lucien. Moi, mes parents, ils sont à Puteaux. Ils ne viennent que tous les quinze jours parce qu'ils ont une blanchisserie, ils disent qu'il faut trimer dur. J'ai la polio. Y'a plein de polios, ici...

La polio. Je me souviens avoir entendu ma mère et les voisines en parler avec angoisse. « Mme Unetelle, la pauvre, son fils a la polio... » Elles baissaient la voix, instinctivement, quand elles en parlaient, comme pour éviter d'appeler le malheur. Le nom même de cette maladie inconnue, *poliomyélite*, me faisait peur.

Et maintenant je suis avec ceux qui l'ont. Alors c'est que moi aussi, c'est grave. C'est peut-être aussi la polio ? Comment ça s'attrape ?

— Ça fait presque un an que je suis là, reprend le nommé Samuel, l'air fataliste. Tu verras, ils sont assez chouettes, ici. Le docteur Daviel, Mlle Angéline, tout ça... Y'a aussi le père Riquet, le type qui vient faire le ménage. Il est marrant, il raconte des blagues.

— Et des fois, ajoute Lucien, il nous apporte *Les Pieds Nickelés* ou *Guignol*, qu'il récupère chez sa sœur, elle vend des journaux.

Je dis :

— Moi, c'est mon quatrième hôpital.

Ce qui a le don de faire rire Lucien :

— Ah, dis donc, t'es un vétéran, alors !

La prise de contact ne s'est pas trop mal passée. Je me dis qu'on va bien s'entendre, c'est déjà ça. On se met à se raconter des choses, et pendant un moment j'oublie mes pensées tristes.

*

Rue Feutrier, juin 1942

Ce soir-là, après le coup de pied, j'étais rentré chez moi en boitillant, m'appuyant sur l'épaule de mon petit frère inquiet.

— Il a reçu un coup de pied, expliqua ma mère à la voisine. Ce qu'ils peuvent être brutaux, à cet âge...

La voisine avait apporté un flacon d'un liquide odorant, qu'elle appelait de « l'eau de contre-coup », et qui était une lotion à base d'arnica. Ma mère avait entrepris de me frictionner, mais la simple pression de sa main me faisait plus mal encore.

La douleur ne se localisait pas au seul point d'impact, comme lorsqu'on se fait un bleu. Elle irradiait à travers tout le bassin et le long de la cuisse. J'eus du mal à m'endormir : je ne parvenais pas à trouver une position qui atténuât l'élancement ; et mes mouvements empêchaient les autres de trouver le sommeil.

En effet, nous dormions à quatre dans le même lit, allongés tête-bêche, les deux garçons dans un sens, les deux filles dans l'autre ; Madeleine, en qualité d'aînée, disposait d'un étroit petit divan pour elle seule.

Le lendemain matin, j'eus toutes les peines du monde à me mettre debout ; ma jambe était complètement ankylosée et très douloureuse. Puis, tout de même, elle se réchauffa un peu, s'assouplit, et je parvins tant bien que mal à partir pour l'école.

Les jours suivants, ça ne s'arrangea pas, bien au contraire. J'avais de plus en plus de mal à marcher. Je m'abstenais de me plaindre pour ne pas inquiéter ma mère, et m'efforçais de me mouvoir normalement en sa présence ; autant d'efforts qui ne faisaient qu'accroître la douleur. Je voyais mon agresseur dans la cour, je le lorgnais d'un œil noir. Lui, il faisait semblant de ne pas prêter attention à moi. Il n'eut pas même la pensée de venir s'excuser. Pourtant, à ce moment, je crois que j'aurais passé l'éponge.

Ma pauvre mère, accablée par ses soucis domestiques, espérait sans doute que ça s'arrangerait tout seul... C'est finalement M. Barbu, le maître d'école, qui s'inquiéta pour moi. Il écrivit un mot à l'intention de ma mère dans le carnet scolaire, lui suggérant de m'emmener à l'hôpital pour me faire examiner. Il lui recommandait l'hôpital des Enfants malades, rue de Sèvres. Ma mère, qui vénérait l'école et les instituteurs, descendit chez un commerçant de la rue, où l'on pouvait téléphoner.

Une fois le rendez-vous obtenu, un jeudi après-midi pour que je ne manque pas la classe, Madeleine reçut pour mission de m'accompagner.

Madeleine avait maintenant vingt-deux ans. Elle n'était en fait que notre demi-sœur : elle était née du premier mariage de notre père, avant qu'il ne devienne veuf. Elle n'avait quasiment pas été à l'école ; dès que possible, il l'avait gardée à ses côtés pour qu'elle travaille à l'atelier. Cela lui conférait dans la famille un statut particulier : elle servait un peu d'intermédiaire entre nos parents et nous, n'hésitait pas à nous gronder en cas de besoin, nous aidait pour faire nos devoirs. Depuis que notre père n'était plus là, son rôle s'était encore accru. Je la respectais beaucoup.

Elle m'avait dit en confidence qu'elle avait un « fiancé ». Il l'avait emmenée au cinéma.

La croix gammée flottait sur l'hôtel Lutetia lorsque nous sortîmes du métro au coin du Bon Marché. Il fallait encore parcourir quelques centaines de mètres avant d'arriver à destination. J'avançais de plus en plus péniblement. Des Allemands, au passage, posèrent l'œil sur nos étoiles, mais ne parurent pas s'en soucier davantage. De notre côté, nous les croisions dans la rue depuis bientôt deux ans. Nous ne leur prêtions plus guère attention.

À l'hôpital, il fallut attendre, beaucoup plus longtemps que l'heure prévue.

Le médecin nous reçut enfin, me fit déshabiller, palpa ma hanche, essaya de faire fonctionner l'articulation et m'arracha un hurlement. Puis il appela une infirmière à qui il ordonna de me conduire au service des radiographies.

Encore un long moment d'attente.

Je ne savais pas encore que c'est la caractéristique essentielle de la vie à l'hôpital : attendre.

Enfin il nous appela. Il brandissait les clichés que venait de lui remettre l'opérateur.

— Bon... Eh bien, mon petit bonhomme, ce n'est pas joli, joli... Il n'y a plus qu'à te plâtrer.

Il donna à ma sœur quelques explications sommaires auxquelles je ne compris pas grand-chose. Il ressortait en tout cas que je souffrais d'une fracture ou d'une fêlure des os qui président aux mouvements de la marche.

— Je me demande même comment tu as tenu tout ce temps ! Tu ne dois vraiment pas être douillet... Le malheur, c'est que, pendant ce temps-là, ça s'est esquinté un peu plus.

Une demi-heure plus tard, je me retrouvai déshabillé, allongé sur une table d'opération. Et, en fin d'après-midi, c'est en ambulance que je regagnai la rue Feutrier, emprisonné depuis la taille jusqu'au bout du pied par une véritable coque de plâtre, avec, pour consigne, une complète immobilité. On pratiquerait une nouvelle radio dans quelques semaines afin de vérifier que cette « armure » avait bien ressoudé ma fracture.

À la maison, mon infirmité provoqua un chambardement. Il n'était plus question que je partage avec Simon et mes sœurs un lit qui n'était déjà pas bien large. La voisine, toujours prête à rendre service, alla chercher dans une soupente un petit lit à une place dont elle ne se servait plus. Ma mère le nettoya et l'installa dans un coin de la pièce. J'aurais au moins la consolation de disposer d'un lit pour moi tout seul, ce qui ne m'était jamais arrivé. En un sens, j'étais devenu la vedette de la famille et des voisins.

Maigre contrepartie. Commencèrent des jours d'épouvantable ennui. Les heures s'écoulaient, interminables, dans une solitude qui devenait plus pénible encore lorsque j'entendais au-dehors, montant de la rue, les rires et les exclamations des enfants du quartier qui jouaient. Peu de temps auparavant, j'étais des leurs ; c'étaient les billes, les parties de cache-cache, les galopades endiablées, les fous rires, les petites chamailleries vite oubliées… Nous étions les rois de la rue – des rues où nous pouvions courir sans craindre les voitures. Maintenant j'étais tout seul, à l'écart. Puni sans savoir de quelle faute…

Ma mère s'efforçait de rester près de moi le plus possible, mais le travail ne pouvait pas attendre : il lui fallait quand même passer de longues heures en bas, dans l'atelier où avait travaillé mon père. J'ai des remords aujourd'hui lorsque je pense aux soucis que je lui ai causés. Je perdais l'appétit, je touchais à peine à ce qu'elle préparait pour moi. La malheureuse s'ingéniait pourtant à me proposer ce que j'aimais le plus.

— Il faut manger, Maurice, sinon tu ne guériras pas… Il faut te forcer…

Je l'entendais, sur le palier, lorsqu'elle bavardait avec la voisine :

— Je ne sais plus quoi faire… Déjà, avec les restrictions, ce n'est pas facile… Et là, il ne veut rien du tout…

J'attendais chaque jour avec impatience le moment béni où Berthe, Eva et Simon rentraient de l'école. Enfin un peu de gaieté, d'animation ! Alors, malgré l'interdiction formelle qui m'avait été faite, je me levais, je chahutais avec eux, puis regagnais mon lit en clopinant sitôt que nous entendions les pas de maman dans l'escalier...

Le résultat de ces infractions aux recommandations du médecin ne se fit pas attendre : mes souffrances s'aggravèrent. C'était désormais le genou qui me faisait mal. Ça devenait insupportable.

Arriva enfin la date prévue pour la radiographie de contrôle aux Enfants malades. Qu'allaient-ils décider ? Je tâchais de me persuader que tout irait bien, mais je n'y croyais pas moi-même : je sentais bien que non seulement ça ne s'était pas arrangé, mais que ça avait probablement empiré – et que j'en étais cette fois le seul responsable.

Une ambulance vint me chercher. Deux infirmiers montèrent l'escalier en rouspétant que c'était trop haut, puis m'aidèrent à descendre tant bien que mal. Cette fois-ci, c'est ma mère qui m'accompagnerait.

Je n'en menais pas large. L'ambulance, les infirmiers... Toute cette organisation me persuadait que mon cas était grave.

Simon et mes sœurs devaient penser de même, car ils descendirent dans la rue pour assister à mon départ. Plusieurs gamins du quartier, mes copains d'avant, s'étaient attroupés et regardaient ce spectacle inhabituel.

Je quittai la maison sous les baisers et les au revoir de Berthe, d'Eva, de Simon, de Madeleine.

Eva, ma jolie sœur aux cheveux roux, aux yeux verts, au visage mutin plein de taches de rousseur, revint deux fois vers moi pour m'embrasser encore et encore. Je les revois agitant la main, inquiets au fond d'eux-mêmes, mais essayant de se persuader que bientôt je serais guéri. Bientôt...

J'étais loin de me douter que je ne reviendrais jamais à la maison, et que je leur disais adieu pour toujours. Aujourd'hui je revois ces instants, dont j'ai gardé l'image précise. L'inquiétude qui me noue l'estomac. Mon frère et mes sœurs au-dehors. L'automobile qui s'ébranle, qui tourne au coin de la rue. Je ne peux les revoir, ces instants, sans que ma gorge à nouveau se serre.

Bien des fois, sur mon lit d'hôpital, je me demanderais : Pourquoi ? Mais aujourd'hui encore, cette question, je n'ai pas cessé de me la poser...

À l'hôpital, le verdict fut sans surprise et sans appel : j'avais trop bougé, la fracture s'était mal positionnée et ne se réduisait pas. Pire : je ne rentrerais pas chez moi ce soir. On me gardait...

J'eus l'impression d'entendre tomber devant moi un rideau de fer.

Le médecin expliqua à ma mère que je passerais quelques jours ici, mais qu'il faudrait, dès que possible, m'envoyer à Hendaye, dans le sud-ouest de la France, où se trouvait un hôpital spécialisé dans ce genre de cas. Le séjour serait long.

Combien de temps au juste ? Il ne pouvait pas encore le dire.

J'allais donc non seulement être à l'hôpital, mais très loin des miens. Ils ne pourraient évidemment pas venir me voir là-bas...

On m'installa dans ma chambre. À l'heure de la fin des visites, ma mère m'embrassa.

— Je reviendrai demain... Il faut que je t'apporte au moins quelques affaires de toilette...

Je revois ses yeux emplis d'inquiétude, j'entends sa voix tremblante me faire d'ultimes recommandations.

Enfin elle s'en alla, refermant très doucement la porte comme si cela pouvait atténuer le chagrin de son départ, et je me retrouvai seul.

Moment sinistre. Silence de la chambre vide éclairée par une ampoule trop violente. J'entendais des bruits dans le couloir, des portes qu'on ferme, des employés qui s'interpellent.

Comme il me paraissait soudain magnifique, chaleureux, accueillant, notre tout petit logement, dans un pauvre immeuble des rues populaires du nord de Paris... J'entendais encore dans ma tête les rires de mes sœurs, les questions que Simon posait toujours sur tout... Ici, rien.

Je passai en revue les événements de ces derniers mois, sans rien y comprendre.

Je revoyais le visage, excité d'une joie mauvaise, du « camarade » d'école auteur du coup de pied. À l'heure qu'il était, il continuait à vivre dans sa famille, à jouer avec ses copains.

Insouciant. Et moi, j'étais là, infirme, tout seul, prisonnier d'un hôpital.

Je venais d'avoir douze ans.

*

— Un peu plus tard, on m'a envoyé à Hendaye...

— C'est où, ça, Hendaye ? demande Samuel.

— Ouais, moi je sais, interrompt Lucien. C'est dans le Sud... Le Pays basque...

— C'est ça, dis-je. Ils disaient que le climat était meilleur, et que là-bas ils savaient mieux soigner ma blessure.

— Et pourquoi tu n'y es plus ?

— Les Allemands ont réquisitionné l'hôpital pour leurs soldats. Alors on m'a renvoyé à Paris. J'ai été à Suresnes, puis maintenant ici. Je ne sais pas pourquoi.

Lucien lâche un sifflement presque admiratif.

— Eh ben dis donc... Et tout ça à cause d'un coup de pied ? Mais il te voulait quoi, ce gars ?

— Il faisait du mal à mon petit frère. J'ai voulu le défendre.

— Mais pourquoi ?

— Parce qu'on est juifs.

— Ah, d'accord.

Lucien ne pose pas d'autres questions. Son silence soudain me fait une drôle d'impression. Comme s'il trouvait ça normal, comme s'il voyait là une explication suffisante qui n'appelle aucun commentaire.

À ce moment-là, je me tourne vers Samuel ; nos regards se croisent. Et j'ai l'impression que quelque chose se passe entre nous, qui n'a pas besoin de mots. Une complicité, une proximité. Nous n'en avons pas parlé, mais j'ai déjà déduit de son prénom que lui aussi est juif. Et je comprends ce qui nous unit : la certitude de ressentir quelque chose en commun, quelque chose que les autres ignorent, qui n'appartient qu'à nous.

Je devine que je viens de trouver un ami. Nous parlons à nouveau. Il me parle en mêlant à ses phrases des mots de yiddish qui me rappellent ma famille, mon foyer. Le yiddish est ma première langue, ma langue maternelle, celle dans laquelle on m'a chanté des comptines, consolé quand j'avais un chagrin d'enfant. Cela me réchauffe le cœur.

Pas plus que moi Samuel ne sait ce que sont devenus ses parents et son frère. Un frère dont il me parle beaucoup. Il est comme moi…

4

Huit heures du soir.

La nuit est tombée. Les ampoules du plafond jettent une lumière crue, blafarde et insuffisante.

Les infirmières remportent les plateaux du dîner.

C'est triste à mourir. Je n'ai jamais aimé l'hiver ni la nuit qui tombe. Dans ces moments, j'aimerais que ma mère ou ma grande sœur viennent me parler, me faire un baiser.

J'ai envie de pleurer. Je regarde l'assiette qu'on n'a pas encore enlevée, où j'ai laissé la moitié des aliments. Je découvre ce qui va devenir mon ordinaire pour une éternité : les carottes. On nous les sert d'abord râpées, en hors-d'œuvre. Puis cuites, pour le plat de résistance. Et enfin sucrées à la saccharine, pour le dessert. En nous disant : « C'est déjà bien beau que vous ayez de quoi vous nourrir ! »

Mes compagnons de misère discutent à mi-voix, d'un lit à l'autre.

Samuel est plongé dans un livre.

Les derniers plateaux sont enlevés, puis Mlle Angéline surgit :

— Allez, les enfants ! Il va falloir dormir.

Et aussitôt elle actionne le premier commutateur, près de la porte, puis le deuxième, puis le troisième. Et à chaque « clac » c'est un tiers de la chambrée qui est plongé dans la pénombre.

Ça y est. Il n'y a plus qu'une très faible lumière qui provient du couloir. À l'autre bout, par les vitres de la haute fenêtre, j'aperçois la nuit que je devine froide et sinistre.

Le matelas est dur, et je n'ai pas très chaud. Pas sommeil non plus. Je voudrais voir les miens. Mon père. Et Madeleine, et Eva, Berthe, et Simon, et maman. C'est un poids énorme qui envahit la poitrine et le ventre. Comme on était bien, tous à la maison, autour de la table ronde ! Même si – je m'en souviens – on avait eu parfois le pressentiment que cela prendrait fin, que des menaces surgissaient un peu partout autour de nous...

À présent, je tire la couverture le plus possible, jusqu'à mon menton, en veillant bien à ne pas découvrir mes pieds – sinon, pour la remettre en place, ce sera toute une affaire.

Et je songe. Je rumine mon inquiétude. Quelque chose me dit, obstinément, que je ne reverrai aucun des miens. Sans savoir rien de précis, j'ai cette obscure certitude. Que vais-je devenir ? Quel sera mon destin ?

Pendant la journée, j'ai fait bonne figure et causé avec Samuel et Lucien. Mais, maintenant que l'obscurité me protège, je me laisse aller à mes larmes.

Il faudrait penser à autre chose. J'essaie de me raconter une histoire. Une aventure de policiers ou d'explorateurs, comme au cinéma. Je n'y arrive pas.

Les souvenirs insistent, sans doute parce que j'en ai parlé avec mes nouveaux compagnons. Je revois la gare d'Austerlitz, le train de Paris à Hendaye. Là-bas, par mesure d'hygiène, on m'avait rasé la tête. J'avais envoyé ma photo à la maison. Maman m'avait écrit qu'elle me trouvait « bonne mine ». Elle m'avait écrit plusieurs fois, au début. Simon et mes sœurs ajoutaient de petits mots. J'étais bien loin d'eux, mais je restais entouré de leur tendresse.

Et puis cela s'est arrêté. Des lettres, depuis l'été, je n'en reçois plus. Pourquoi ? Cette question me torture. Chaque soir, j'espère. Et chaque lendemain est une déception.

Je reste seul, dans le noir, attendant le moment où le sommeil finira par m'emporter.

*

Avant, il y avait eu une autre vie.

Avant la guerre, avant la disparition de papa, avant l'étoile jaune et le coup de pied.

C'était loin, si loin maintenant…

Mes parents étaient venus de Pologne. Plus précisément de Czerwinsk, une petite bourgade située au bord de la Vistule. Mon grand-père paternel était originaire de Kiev, en Ukraine. On racontait chez moi que c'était pour fuir les pogroms qu'il était venu s'installer en Pologne.

Les pogroms. Je crois que ce mot m'avait fait peur, quand il retentissait à table, dans la conversation, avant même qu'on ne m'ait dit ce qu'il signifiait. Il sonnait monstrueusement, ce mot. Pogrom.

Ce grand-père venu d'Ukraine avait eu cinq enfants : Mathès, mon père, puis un autre garçon prénommé Jacques, et enfin trois filles.

Mon oncle Jacques avait été le premier à quitter la Pologne. À cette époque, la région était sous domination russe, qui n'hésitait pas à infliger aux hommes vingt ans de service militaire. On racontait que, pour être réformés, beaucoup d'entre eux se coupaient l'index de la main droite afin de se rendre inaptes au maniement du fusil. Les recruteurs n'étaient pas dupes, et les renvoyaient en jurant. Que faire d'autre ? Jacques nous avait dit en riant qu'un de ses copains s'était trompé de doigt, et avait coupé celui de la main gauche. Du coup, il avait été recruté quand même. D'autres parvenaient à se provoquer une hernie ; il y avait, paraît-il, une technique spéciale consistant en une pression de la paroi abdominale. J'écoutais tout cela... j'ignorais ce qu'était une hernie, mais j'étais impressionné.

Jacques, lui, fut incorporé, puis, n'y tenant plus – il était marié de fraîche date et n'imaginait pas passer des années loin de son foyer –, il déserta purement et simplement. Rattrapé, il fut condamné à mort. Il devait être fusillé le lendemain du verdict. Il ne sut jamais par quel miracle la sentence, au dernier moment, fut commuée en emprisonnement. Peut-être les Russes se disaient-ils qu'il ne fallait pas gaspiller les hommes... Toujours est-il, que, lors de cette nuit fatale, ses cheveux avaient blanchi tout d'un coup.

Par la suite, il parvint à s'échapper, je n'ai jamais su comment, et à gagner la France. Il habitait désormais rue Charlot, dans le IIIe arrondissement. Nous allions assez souvent les voir, lui et sa famille.

Avec les années, la situation en Pologne, pour les juifs, se dégradait. Ce pays très catholique, qui redoutait (et non sans raison) d'être dévoré soit par l'Allemagne, soit par les Russes, soit par les deux, était devenu profondément nationaliste. Comme toujours dans ce genre de cas, le gouvernement cherchait à détourner l'inquiétude de la population causée par ces problèmes politiques et, par peur du monde extérieur, s'inventait un ennemi à l'intérieur du pays.

La France, pour les juifs polonais, passait pour un pays de Cocagne. N'était-ce pas la nation où Dreyfus, injustement condamné, avait tout de même été innocenté ? On disait que les juifs y avaient les mêmes droits que tout le monde. Et aussi que l'on pouvait y gagner mieux sa vie. Après Jacques, sa sœur Régina se fixa elle aussi à

Paris. Elle y fut bientôt rejointe par mon père Mathès.

Leur autre sœur, Ravé, fit la connaissance d'un jeune homme qui habitait Genève, où elle s'installa et fonda une famille. Une autre encore, Guitelé, demeura à Czerwinsk.

D'un premier mariage, je l'ai déjà mentionné, mon père avait eu une fille, Madeleine, née en 1920. Sa femme étant morte du typhus, il avait épousé en secondes noces ma mère, dont les parents tenaient un restaurant à Varsovie. C'est alors qu'étaient nées Berthe, en 1926, et Eva deux ans après.

Mon frère et moi avions vu le jour à Paris, où mon père était arrivé en 1929.

Une histoire en somme banale, semblable à celle de milliers de familles juives de Pologne, d'Ukraine, de Russie, qui depuis la fin du siècle précédent avaient cherché refuge en France, le pays de la liberté, de l'égalité, de la fraternité...

Je n'ai aucun souvenir de la rue des Rosiers, où mes parents habitaient à ma naissance. J'avais quatre ou cinq ans lorsqu'ils vinrent s'installer au 28, rue Feutrier, dans le XVIIIe arrondissement. C'est le décor de tous mes souvenirs d'enfance avant l'hôpital.

Décor bien modeste. Situé au deuxième étage d'un très simple immeuble populaire sur cour, notre appartement se composait d'un petit couloir débouchant sur une cuisine minuscule, équipée d'un évier et d'une cuisinière à gaz. À côté se trouvait la salle à manger, avec une table ronde qui servait pour les repas et les devoirs scolaires ; et, dans un coin, un lit à deux places, où dormaient nos parents. Dans la seconde pièce était installé le grand lit où nous couchions à quatre, et le petit divan de Madeleine.

Comme dans tous les immeubles populaires, le confort se réduisait au minimum. Les cabinets se trouvaient dans l'escalier, à l'étage inférieur ; il fallait les partager avec les voisins. Quelquefois, ça faisait des histoires à cause du nettoyage.

Il n'y avait pas d'eau chaude au robinet ; chaque jour, ma mère faisait chauffer un faitout entier et lavait à tour de rôle l'un d'entre nous, debout dans une grande cuvette métallique. Pendant ce temps-là, les quatre autres devaient rester dans la chambre.

À côté de l'appartement se trouvait l'atelier de notre père : une quinzaine de mètres carrés, occupés par la table de coupe et la planche à repasser, ainsi que la machine à coudre où il pédalait du matin au soir pour monter des vêtements féminins, tâche que lui confiait un entrepreneur de confection. Maman et Madeleine l'aidaient pour les finitions et à coudre les boutons. Chaque vendredi soir, il rangeait toute sa production dans ce qu'il appelait la « toilette », une sorte de pièce de tissu protectrice, qu'il fermait avec des épingles de nourrice, et il partait faire sa livraison.

Ses sempiternelles difficultés à se faire payer alimentaient la conversation. Il ne se gênait pas pour en parler devant nous. Nous apprenions ainsi l'importance du travail et la valeur de l'argent.

Des familles juives, il y en avait d'autres, dans l'immeuble et dans tout le quartier. Mon père s'attardait souvent à causer avec ses amis, à la sortie de la synagogue ; ou bien quelques-uns d'entre eux se réunissaient le soir dans son atelier. Ils parlaient de l'actualité. Je restais près d'eux, j'écoutais de toutes mes oreilles. Il était question de Hitler. Beaucoup de juifs, pessimistes quant à l'avenir qui leur était réservé sous le régime des croix gammées, quittaient désormais l'Allemagne pour gagner la France, l'Angleterre, la Palestine, les États-Unis, l'Australie... Pessimistes ? Nous ne savions pas encore que les optimistes, eux, finiraient en fumée.

Des optimistes, il en existait aussi à Paris :

— Bah, ici, nous sommes tranquilles...

— Oui, maintenant ; mais qu'arrivera-t-il si les Allemands gagnent une guerre contre la France ?

— On n'est pas en guerre.

— Ça pourrait arriver.

Des images terrifiantes se formaient dans mon esprit : des maisons et des magasins saccagés ou en flammes, des gens tués ou battus. Je m'inquiétais :

— Papa, c'est vrai ce qu'il a dit ? Il y aura la guerre ?

Il s'efforçait de me rassurer :

— Allons, on n'en est pas encore là… Il faut faire ce qu'on a à faire et laisser l'Éternel s'occuper du reste.

Je ne m'inquiétais pas longtemps de tout cela – du moins pas consciemment. J'étais un enfant. L'avenir était aussi incertain que le présent. Il restait la rue, les jeux, les billes, la marelle, avec les autres enfants du quartier, fils d'artisans, d'ouvriers, de cordonniers ou de tailleurs, dont les pantalons n'étaient pas moins rapiécés que les miens… Il restait le bonheur des jours de fête, Pessah, Kippour, où l'on réunissait la famille, où l'on mangeait un peu mieux que d'habitude, où l'on confectionnait la *gefilte fish*, les oignons aux œufs hachés…

De petits bonheurs, en somme. Les joies simples des pauvres gens, partout sur la terre. Mais ces humbles souvenirs faisaient qu'à présent, à l'hôpital, je revoyais notre rue, notre immeuble, tout ce petit monde laborieux et pauvre, comme un paradis perdu.

5

— *Là-dessus, au fond des forêts, le loup l'emporte et puis le mange, sans autre forme de procès.*

Le jeune instituteur referme son livre, tandis que nous achevons de copier les derniers mots dans nos cahiers.

— Voilà ! conclut-il. Vous m'apprendrez toute la fable pour la semaine prochaine... Et maintenant, je vais distribuer les livres.

C'est le moment que j'attendais. J'aime les livres. Ils m'ont toujours attiré. Depuis que je suis à l'hôpital, cet attrait a augmenté. Il n'y en a pas beaucoup, mais on se les passe, de lit en lit, chacun son tour. Et, pendant qu'on est plongé dans leurs pages, on oublie un peu la douleur, la fatigue, l'ennui...

Cela fait maintenant trois semaines que je suis arrivé. Cet instituteur vient tous les jeudis après-midi. On l'appelle « M. Charles ». C'est un grand garçon plutôt maigre, le cheveu rare, aux yeux clairs et au bon sourire. On fait un peu d'histoire et de géographie, des additions, des soustractions. Dire qu'on s'ennuyait à l'école, qu'on rouspétait parfois quand il fallait se lever le matin ! Et pourtant ça aussi, c'était le bonheur… Ici, la vie est si triste et monotone que le « jour de M. Charles » est presque un jour de fête.

Mlle Angéline ne cesse de nous recommander d'être sages avec lui. « C'est un bénévole ! », répète-t-elle avec respect. Un mot qui m'impressionne beaucoup, comme s'il désignait une distinction honorifique ou un diplôme très élevé.

J'attends donc avec impatience mon tour dans la distribution, mais pendant que M. Charles passe de lit en lit, sa pile de romans sur le bras, la porte s'ouvre soudain.

Surgit un personnage tout à fait inattendu dans ce pauvre décor : une jeune femme aux cheveux châtains, vêtue d'une élégante robe verte, d'une veste de fourrure et d'un petit chapeau. Elle dévisage M. Charles avec surprise :

— Oh pardon, je vous dérange…

M. Charles sourit.

— Mais pas du tout, madame, j'ai terminé, entrez donc…

Elle va vers lui, lui tend la main.

— Mademoiselle Béraud… Véronique Béraud. Je suis assistante sociale… Je cherche le petit Maurice Grosman.

Nouvel étonnement. Je sursaute dans mon lit. Quelqu'un qui vient pour moi ! J'imagine déjà qu'on m'apporte des nouvelles de ma famille… À moins qu'on ne m'annonce un départ, un nouvel hôpital... Je m'attends à tout. Je me décide à lever timidement le doigt :

— C'est moi, mademoiselle.

Elle tourne son visage vers moi en souriant. Elle a l'air gentille. Et je la trouve bien jolie.

— Ah... Très bien, dit-elle. C'est l'hôpital qui m'a envoyé ton dossier... On va bavarder un peu, tous les deux, d'accord ?

À nouveau, elle se tourne vers M. Charles :

— Mais vous êtes vraiment sûr que je ne vous dérange pas ?

— Sûr. Je viens tous les jeudis, de 14 heures à 17 heures... Et il est 17 h 15 ! Alors vous voyez...

Il désigne d'un geste circulaire l'ensemble des lits :

— Je les fais travailler un peu, sinon ils vont tous devenir des ânes bâtés.

Il a dit cela avec un clin d'œil complice. Puis il revient à elle :

— Assistante sociale... Vous ne devez pas manquer de travail !

— Qu'est-ce que vous voulez dire ?

— C'est tous les Français qui sont dans la panade.

Elle a une drôle de moue, un peu agacée :

— La France paie ses erreurs. Elle doit se régénérer. Et nous devons aider ceux qui le méritent.

Nous suivons, intrigués, ce dialogue d'adultes. M. Charles hoche la tête, avec un air d'admiration un peu trop appuyé pour ne pas être moqueur.

— « Se régénérer », répète-t-il. Je vois que la leçon a été bien apprise...

— Le maréchal a montré la voie. C'est la seule possible.

Il n'est pas difficile de deviner qu'elle a été piquée au vif par l'ironie de notre instituteur.

— Si vous n'en avez pas pour trop longtemps, dit-il avec un gentil sourire, je veux bien vous attendre, et nous parlerons de tout cela en repartant d'ici...

Elle semble interloquée. Puis, tant la demande a été faite avec modestie, et même timidité, elle rend les armes.

— Pourquoi pas ?

— Alors à tout à l'heure. À la semaine prochaine, les enfants !

— Au revoir, monsieur Charles ! clament une vingtaine de voix.

À nouveau, Mlle Béraud se tourne vers moi. Elle vient s'asseoir délicatement sur le bord de mon lit.

— Alors à nous deux... Je ne te fais pas mal, en m'asseyant là ?

— Non, mademoiselle.

Elle retire sa veste, sort un dossier de son sac.

— Maurice Grosman... douze ans... Eh bien, si tu veux, tu vas me raconter un peu où tu en es ?

*

Chère maman,

Chers frère et sœurs,

Je vous écris cette lettre du nouvel hôpital où l'on m'a amené. Est-ce que vous le savez ? Je suis toujours très inquiet de n'avoir aucune nouvelle de vous depuis longtemps ni de réponse à mes dernières lettres.

Ici le docteur dit qu'il faudra m'opérer mais je ne sais pas ce qu'ils vont me faire. J'ai deux copains, Lucien et Samuel, qui sont gentils, mais je m'ennuie bien et, quand je vois les autres recevoir les visites de leurs parents, j'ai le cœur gros. Je voudrais tant savoir où vous êtes tous et je suis tellement inquiet.

Vous trouverez l'adresse de l'hôpital sur l'enveloppe. J'espère que vous la recevrez, que vous viendrez ou que vous écrirez.

Je vous embrasse très fort et j'ai hâte que tout ça soit fini et de vous retrouver tous. Est-ce que vous avez des nouvelles de notre père chéri ?

Je relève la tête, le crayon en l'air. Je voudrais dire encore beaucoup de choses, mais je ne sais pas comment. Il faudrait qu'ils soient là, c'est tout, et que je puisse les serrer dans mes bras…

En même temps, je sais que ce que je fais est absurde et ne servira à rien. Je sais qu'il n'y aura pas de réponse. Il me prend l'envie de chiffonner ce bout de papier…

Là-dessus, une voix claironnante, que je connais déjà bien, se fait entendre :

— Allez, les p'tits gars… On va lécher l'enveloppe… Et hop, dans la musette du facteur !

C'est celui que tout le monde ici appelle Riquet, ou le père Riquet.

C'est un petit bonhomme maigrichon, qui abrite un crâne qu'on devine dégarni sous un éternel béret basque incliné sur l'oreille. Il a fait l'autre guerre. Il en garde un léger boitillement. Son travail consiste à passer la serpillière dans les salles, répandant une odeur tenace de crésyl, à donner un coup de main aux infirmières quand il faut déplacer un lit ou à installer un malade sur un brancard. Souvent, aussi, c'est lui qui débarrasse les plateaux des repas. Et puis il s'occupe du courrier.

Bon. Il faut que je me décide. Ça ne servira à rien, mais on ne sait jamais... En soupirant, j'écris mon prénom au bas de la feuille, accompagné d'un petit paraphe, et je la plie pour la glisser dans l'enveloppe.

— Et puis voilà de la lecture, annonce Riquet, brandissant une liasse d'illustrés.

Il appelle ça des défraîchis : des exemplaires froissés ou déchirés qui ne sont pas mis en vente. Il en apporte une fois ou deux par semaine, on se les fait passer de lit en lit. *Les Pieds Nickelés*, *Guignol*, *Cœurs vaillants*.

Nous l'aimons bien. Il raconte des blagues, aussi. Parfois, en passant son balai et sa serpillière, il chante en roulant les « r » des chansons de son temps :

Elle est belle, elle est mignonne
C'est une jolie personne
C'est au Grand Café qu'on peut la voir
Elle est assise à son comptoir...

Il fait des grimaces, prend un drôle d'accent. Il nous fait un peu oublier nos misères.

Allez : je vais me plonger dans un de ces illustrés. Pendant ce temps je ne serai pas en train de me demander si j'aurai, cette fois, une réponse à ma lettre…

*

Avant… avant la guerre et l'Occupation, avant l'étoile et le coup de pied, il y avait aussi ma tante Régina.

De temps à autre, le jeudi, je filais jusqu'à la rue de Clignancourt, puis, passé le boulevard de Rochechouart et le métro aérien, je descendais par le boulevard de Magenta vers le Xe arrondissement, jusqu'à la rue Lucien-Sampaix.

Je connaissais le trajet par cœur. Nous passions beaucoup de temps dans les rues et j'aimais m'aventurer loin de chez moi. Je me sentais libre. Je m'attardais parfois à écouter le boniment des camelots sur le boulevard : leurs pitreries, leurs jeux de mots constituaient un spectacle improvisé et gratuit. C'est là aussi que, avec un coup au cœur, j'avais vu pour la première fois un groupe de soldats allemands, bottés et casqués.

Rue Lucien-Sampaix se trouvait un atelier de maroquinerie assez important, doté de plusieurs employés, qui appartenait à ma tante et à son mari, Srulké. C'était une assez belle affaire, qu'ils avaient montée eux-mêmes. Mes parents les tenaient en haute considération. À nos yeux, ils passaient pour des riches ! Jamais, d'ailleurs, Régina et son mari ne nous faisaient sentir cette différence de niveau social. Le sens de la famille passait avant tout.

Lorsque je venais la voir, Régina trouvait toujours du temps pour m'emmener dans sa cuisine et m'offrir un verre de grenadine, un gâteau sec. Je l'aimais beaucoup. Ils vivaient là avec un garçon de mon âge, Léon. J'ai longtemps cru que c'était leur fils, avant d'apprendre la vérité. Un jour qu'elle m'avait fait un petit cadeau pour mon anniversaire, je m'étais aperçu qu'elle pleurait en m'embrassant. Cela m'avait alarmé :

— Qu'est-ce que tu as, tante ?

Elle s'était alors frotté les yeux d'un revers de main, se forçant à me sourire.

— Oïe, fiston, ce n'est rien... Juste, je me dis que j'aurais bien aimé en avoir un comme toi, moi aussi... Mais allez ! Il faut prendre la vie comme elle vient...

Intrigué, je n'avais pas osé en demander davantage, mais, le soir, j'avais interrogé ma mère sur le secret de ces larmes.

— Elle dit qu'elle aurait aimé avoir un enfant, mais elle a bien Léon... ?

— Ce n'est pas le sien. La pauvre... Il y a quelques années, elle attendait un bébé. Et puis elle est tombée gravement malade, elle avait une péritonite.

— C'est quoi ?

— Oh, c'est dans le ventre... Et le docteur a été obligé d'enlever le bébé. Après quoi il lui a dit qu'elle ne pourrait plus en avoir. Puis, un jour, une dame qu'elle connaissait est morte. Alors elle a recueilli son petit garçon, qui n'avait plus personne.

J'avais compris ainsi que Léon et nous autres étions un peu, pour elle, les enfants qu'elle n'aurait pas.

Mes visites chez elle se passaient toujours de façon à peu près semblable. Après m'avoir plaqué deux gros baisers sonores sur les joues, puis rempli le verre de grenadine et sorti la boîte de biscuits, elle demandait :

— Alors, comment ça va, chez vous ?

Et souvent la réponse était la même :

— Ben, papa il travaille tout le temps mais il n'a pas pu se faire payer depuis deux semaines...

Alors Régina hochait la tête et disait :

— Je vois... Viens par là, garçon.

Je la suivais dans sa chambre. Là, elle ouvrait une armoire, sortait un billet de sous une pile de linge.

— Tiens, il me le rendra quand il pourra... Mais, dis donc, tu es venu comment ?

— À pied.

— Oïe oïe oïe ! mais ça va pas, ça ! Depuis la rue Feutrier !

— Le métro, c'est cher...

— Bon, eh bien prends ça en plus, pour acheter un ticket.

— Merci, ma tante.

J'empochais soigneusement la piécette, mais je me gardais bien d'acheter un ticket de métro. Je remontais à pied à la maison, et, là, j'entraînais mon petit frère à l'écart :

— Regarde... Tante Régina m'a encore donné ça... Avec ce qu'on a déjà, ça nous fera bientôt de quoi aller au cinéma.

C'était notre grand plaisir, le cinéma. Il y avait non seulement le film, mais, auparavant, les actualités filmées, et à l'entracte un magicien ou autre fantaisiste. Une fois par mois, on pouvait s'offrir ça...

Simon. Les grandes sœurs. La maison pauvre et chaleureuse. La synagogue. La rue Feutrier. La tante Régina.

Oui. Un petit paradis modeste, mais bien réel.

Mais pourquoi, désormais, ne venait-elle plus me voir, elle non plus ? Où étaient-ils tous ?

Des heures durant, jour et nuit, ces questions sans réponse me torturaient l'esprit.

*

Des rêves confus me tourmentent à nouveau presque chaque nuit. Ce sont toujours les mêmes images inquiétantes. Une fois encore, je suis allongé, immobilisé, incapable de deviner où l'on va. Est-ce que c'est un train ou un fourgon d'ambulance ? Je ne sais pas. Je ne sens que la vibration menaçante des roues. Par la vitre, je n'aperçois qu'un ciel obscur, des branchages d'arbres dépouillés qui semblent me faire des signes incompréhensibles. Mon imagination se transporte aux alentours : bâtiments obscurs eux aussi, chemins qui partent en tous sens... Une nuit emplie de menaces inconnues, un monde immense et confus, et personne pour me dire où je suis, où je vais, personne. Rien que la douleur...

Cette douleur qui, à cet instant, m'éveille parce que j'ai dû bouger trop brusquement. Et je reste dans la pénombre, les yeux ouverts, avec un grand froid qui n'est pas celui du corps, mais du cœur et de l'âme.

6

— Alors, pour celui-ci, nous allons pratiquer une arthrodèse, c'est-à-dire que nous allons fixer le fémur à l'articulation de façon à la bloquer...

Aujourd'hui, le docteur Daviel est arrivé flanqué de part et d'autre de deux hommes plus jeunes, en blouse blanche eux aussi, qui l'écoutent respectueusement. Comme à son habitude, il parle vite, articule mal, tout en brandissant ses radios à la lumière du jour, en désignant avec le doigt les parties qu'il commente. Il semble parfaitement indifférent à moi, qui écoute en essayant tant bien que mal d'y comprendre quelque chose. Je suis « celui-ci » : un cas médical.

Je commence à en avoir l'habitude. Devant lui, comme devant tous les médecins qui m'ont examiné depuis le début, il n'y a pas un malade, mais une maladie.

Il donne ses explications, et on le sent pressé de repartir, appelé ailleurs par d'autres urgences. Les internes posent deux ou trois questions que je ne comprends pas davantage, pas plus que les brèves réponses du médecin chef. Puis ils retraversent la chambrée au pas de charge, et disparaissent par la porte.

Tout ce qui m'apparaît, c'est que mon opération est imminente. Et j'ai le trac, comme à l'école quand il fallait « passer au tableau » et réciter la leçon ou résoudre un problème d'arithmétique devant toute la classe.

J'ai également fini par comprendre, au fil des semaines, que je ne souffre pas que d'une fracture de la hanche. Entre-temps, j'ai contracté un autre mal, une sorte d'infection qu'il est très difficile d'enrayer. J'ai retenu un mot : tuberculose osseuse. Il a encore fallu changer mon plâtre hier ; il s'imbibait de sang et de pus. Cette intervention que j'ai subie plusieurs fois permet de désinfecter, avec un produit qui pique atrocement la peau. Et les mouvements nécessaires pour enlever et remettre le plâtre me font crier de douleur.

Mon copain Samuel est atteint de la même cochonnerie. Pour lui, c'est parti du bras gauche, après une chute. Et ça l'envahit, lentement...

C'est notre sort. Nous ne sommes plus les enfants d'une famille, vivant avec les leurs, acceptés et aimés tels qu'ils sont, avec une personnalité et un prénom. Nous sommes des enfants malades alignés sur des lits de fer, nous sommes des dossiers cartonnés dans le bureau du docteur Daviel.

*

Mlle Béraud est revenue le jeudi suivant. Cela m'a quand même fait plaisir de la voir s'encadrer dans la porte. Elle est jolie et souriante, bien habillée. Et, en même temps, cela ranime mon chagrin de ne pas avoir de visites de ma famille, comme d'autres dans la chambrée.

Lucien, par exemple. Ses parents viennent très régulièrement. Son père, un petit rondouillard, la moustache en croc, le crâne déplumé. Sa mère, bien en chair également, pomponnée comme un dimanche. À leur première visite, ils ont repéré que j'étais nouveau, et la dame m'a demandé ce qui m'était arrivé.

— Je… Je me suis cassé la hanche.

— Oh, ça doit faire bien mal…, s'est-elle exclamée, apitoyée. Et tu viens d'où ?

— De Paris… Je m'appelle Grosman.

Elle a eu un petit mouvement de sourcils.

— Ah… Je vois. Donc il y a Samuel et Grosman… Lucien est bien entouré…

Nous avons échangé un coup d'œil, Samuel et moi. Il a haussé les épaules, l'air de me dire : « Qu'est-ce que tu veux… C'est comme ça. »

Ils sont plutôt gentils quand même. La dame nous a donné à chacun un bonbon.

Bref, Mlle Béraud est arrivée vers 17 heures, et aussitôt entrée, elle a demandé :

— Votre instituteur n'est pas là ?

— Il est parti plus tôt, aujourd'hui. Il est allé chez le dentiste, il avait mal.

— Ah, bon…

Elle semblait déçue. Elle m'avait apporté un peu de chocolat, que j'ai partagé avec Samuel et Lucien. Puis elle m'a demandé comment je me sentais. Elle avait parlé avec le médecin :

— Tu vas être opéré, mais tu ne dois pas t'inquiéter... Bien sûr, ça ne sera peut-être pas très agréable, mais s'ils ne t'opèrent pas, ta jambe va s'abîmer encore plus.

J'approuvais. Mais, en fait, je pensais à autre chose. À la fin, je me suis lancé et lui ai demandé :

— Mademoiselle, est-ce que vous avez pu savoir où sont mes parents ?

Lors de sa visite précédente, je lui avais demandé si elle pouvait se renseigner. Elle a paru légèrement confuse.

— Je ne sais pas, a-t-elle répondu. Je n'ai pas eu le temps de chercher... Tu sais, j'ai beaucoup de choses à faire. Mais je m'en occuperai bientôt, c'est promis.

Je n'ai pas insisté. Mais j'ai eu l'impression qu'elle me cachait quelque chose.

Après son départ, j'ai essayé de m'imaginer sa vie. Où elle habitait. Ce qu'elle faisait le reste du temps. Et puis tout ce qui se passe au-dehors. Ici, on ne sait presque rien. Je suis prisonnier de mon inquiétude comme je le suis de mon plâtre. Tout ce qui faisait ma vie d'enfant, simple et rassurante, a éclaté en morceaux épars que je ne peux plus rassembler.

*

Retour à la conscience. Tout est noir, mais je sais de nouveau que j'existe. En revanche, je ne sais plus où je suis. Je n'étais plus nulle part. Et maintenant, où suis-je ?

De nouveau je sens ma tête, mes bras, le poids de mon corps. J'ai conscience de chacun de mes organes, parce que tous me font mal. Un endolorissement de la tête aux pieds. Mon ventre aussi se signale : j'ai la nausée, à cause de cette horrible odeur d'éther qui s'accroche, dans le nez, dans la bouche, dans la gorge. Je me souviens qu'on m'a fait respirer de l'éther pour m'endormir.

La hanche, la jambe. Un lancinement. J'ai l'impression que, au moindre mouvement, tout va se casser. J'ouvre les yeux et les referme aussitôt : la lumière des plafonniers me brûle. J'ai la migraine. Cela part des yeux et se ramifie dans tout le crâne.

Je tente à nouveau de soulever mes paupières, doucement. Je m'habitue. Le plafond de la chambrée, les murs vert pâle, les lits. Toujours cette envie de vomir. Je voudrais dormir ! Dormir encore... Ne plus être là. Ne rien sentir. Ne pas être envahi par ce mal au ventre, à la tête, à tous les membres. Quel bonheur, dormir, ne rien savoir, ne rien entendre !

Je tente de bouger légèrement. Ce n'est plus comme auparavant. De la taille au pied, c'est comme si mon corps était en bois dur, ou enserré dans une boîte.

— À la bonne heure, le voilà qui se réveille !

C'est la voix rude et enjouée de Mlle Angéline. Elle est en train de faire la distribution des plateaux du soir. Il est donc si tard ?

— Eh ben, ça y est, garçon... On a fait ce qu'il fallait. Tu as un plâtre tout neuf. Tu dois te sentir tout patraque, hein ? T'inquiète pas, ça va aller. Par contre, ce soir, tu es à la diète. Demain tu auras le droit de manger. Il est vrai que pour ce que tu manges...

« On a fait ce qu'il fallait. » Je médite ces paroles. Ils ont fait quoi, au juste ? Je n'ai pas demandé. Je ne demanderai pas. Ce sont les parents qui doivent parler de ça avec les docteurs, pas les petits garçons. Les petits garçons, on s'occupe d'eux, on décide pour eux, puis on les rassure.

Mais mes parents, ils ne sont pas là.

Un peu plus tard, je repousse la couverture pour regarder à quoi ça ressemble. Le plâtre est rougi de sang séché.

Cela me fait peur. Comme si j'allais lentement m'enfoncer et périr noyé dans ce sang.

*

... Et puis – avant l'étoile, avant le coup de pied – il y avait eu le miracle de l'été 1941.

L'été 1941 !

Andelaroche, un tout petit village dans le département de l'Allier.

Des collines douces, verdoyantes. Un pré bordé d'arbres aux gros troncs bas, que surmontent des bouquets de branches fines, plus jeunes.

Simon et moi sommes là, tous les deux, en compagnie d'une douzaine de chèvres qu'il faut garder, et dont les bêlements, les soubresauts, les caprices imprévus nous amusent. Heureusement il y a le chien, Méda, qui veille au grain, parce que, sinon, les chèvres, elles pourraient prendre la poudre d'escampette, nous serions bien incapables de les faire obéir ! Méda, qui semble tout comprendre, fait le nécessaire.

Nous l'aimons beaucoup. Il est tellement gentil et intelligent... Quand il ne s'occupe pas de ses chèvres, il joue avec nous, rapporte les bâtons qu'on lui lance, nous taquine un peu en refusant de les rendre, puis attend, la langue pendante, qu'on les lance à nouveau.

À la fin de l'après-midi, nous retrouvons la salle commune, où la bouilloire crépite sur le fourneau, où parfois s'invite une poule qu'il faut mettre à la porte sans trop l'affoler. C'est l'heure de goûter : un grand bol de lait, une tartine que coupe notre hôtesse, Mme Coignet, et que nous mangeons gloutonnement, enivrés par l'air pur, le soleil, les jeux.

Après, en attendant l'heure du souper, nous allons l'aider à de petits travaux : cueillir quelques fruits, arroser les fleurs qui enjolivent le modeste décor, passer un coup de balai sur le ciment du sol.

Tout a commencé trois mois plus tôt, rue Lucien-Sampaix, chez ma tante Régina, où j'ai fait ma petite visite habituelle.

Ce jour-là, assis dans la cuisine devant la toile cirée où elle vient de déposer la boîte de gâteaux secs et le verre de limonade, j'ai une idée en tête, mais une idée tellement folle et tellement torturante que je n'ose pas l'exprimer. Finalement, c'est elle qui m'en fournit l'occasion :

— Et l'école, alors... Raconte-moi un peu... Ça se passe bien ?

— Ça va...

Ultime hésitation, puis je me lance. On verra bien !

— Il y a des garçons, dans la classe, ils vont partir à la campagne, pour les grandes vacances.

— Ah bon ?

— C'est la mairie qui a organisé ça. On va dans des familles, pendant un mois et demi.

— Eh, mais c'est très bien, ça ! Et tu vas y aller ?

— Simon et moi, on aimerait bien s'inscrire, mais on ne peut pas.

— Ah tiens... Et pourquoi donc, dis-moi ?

De l'air dont elle me regarde, je devine qu'elle a déjà compris. Je marmonne, les yeux baissés :

— Je sais que papa ne pourra pas payer. Il travaille tard, et il dit tout le temps qu'il n'a pas de sous. Je ne veux pas le lui demander, parce qu'il serait obligé de dire non et ça lui ferait de la peine.

Alors tante Régina s'approche et me pose les deux mains sur la tête, m'ébouriffant tendrement les cheveux. Je suis horriblement gêné, et confiant malgré tout.

— C'est bien, mon petit Moshé, murmure-t-elle, de penser à ton papa... C'est bien... Tu es un bon garçon, un bon fils. Bon, alors dis-moi, ça coûterait combien ?

J'ai déjà pris tous les renseignements.

— 350 francs chacun.

Sans un mot, elle traverse la cuisine, entre dans sa chambre à coucher. Je l'entends ouvrir la porte de l'armoire. Puis elle revient et me tend des billets.

Je regarde. Ce sont des billets de cent francs. Quand il y en a un seul comme ça, à la maison, c'est une véritable fête !

— Eh bien, prends ! Et partez tous les deux...

Je tends la main. J'en tremble presque. Il y en a sept. Sept cents francs.

— Et tu ne les perds pas, surtout ! Tu les donnes à ta mère et tu lui dis d'aller tout de suite vous inscrire.

Je relève la tête, les yeux écarquillés :

— Mais... mais...

— Chut. Il n'y a pas de « mais ». Et n'oubliez pas de venir embrasser votre tante Régina avant de partir !

Et voilà comment nous sommes partis en vacances, Simon et moi, pour la première fois de notre jeune existence.

Nous n'étions guère sortis jusqu'alors du XVIIIe arrondissement. Je me souvenais, un dimanche, d'un pique-nique du côté de Boissy, où nous nous étions rendus par le « train des fleurs », qui partait de la Bastille ; Boissy, autant dire le bout du monde ! Et puis aussi, une fois, dans des jours fastes, nous avions fait un tour en barque sur le lac de Vincennes : aventure extraordinaire, qui nous avait laissés éblouis. Alors, la « vraie » campagne, en France, à des centaines de kilomètres de Paris !

Le jour venu, mes parents nous accompagnèrent à la gare de Lyon avec notre petite valise et un panier contenant de quoi nous restaurer pendant le voyage ; il y avait bien cinq ou six heures pour atteindre Moulins, but de notre voyage.

Nous ouvrions de grands yeux, le cœur légèrement battant, dans le tohu-bohu des trains qui s'ébranlaient pesamment dans des chuintements et des sifflets, le trafic des porteurs et des chefs de quai, les annonces diffusées par les haut-parleurs, tout cela retentissant sous la haute verrière de la gare. Les adieux et les recommandations se prolongèrent jusque dans le compartiment de troisième classe où nos places étaient retenues : « N'oubliez pas de descendre à Moulins, et là, vous changez de train... Tâchez de vous montrer bien élevés... Finissez toujours votre assiette... »

Puis, après les derniers signes de main à travers la vitre, ce furent les banlieues tristes qu'on voit défiler au passage, puis la campagne, les arbres qui passent à toute allure à la vitre du compartiment, les fils électriques dansant entre deux poteaux, montant, descendant, montant, descendant... Et quelquefois les gens dans les champs dorés, sous le grand ciel bleu pommelé de blanc, qui saluaient au passage un mouchoir à la main, comme s'ils souhaitaient la bienvenue.

Puis s'ensuivirent les panneaux des gares guettées et regardées attentivement pour être sûr de ne pas se tromper : Montargis... Cosne-sur-Loire... La Charité... La correspondance à Moulins... Puis le léger trac de l'arrivée, devant notre hôtesse, Mme Coignet, une dame au visage rond et souriant accompagnée de ses deux grands fils.

Quelques instants plus tard, nous prenions place dans la carriole qui s'éloigna avec des cahots sur les chemins, dans ce décor si nouveau de collines bosselées et de prairies. Tout nous étonnait : la rencontre d'un troupeau que l'on ramenait à l'étable, l'aboiement joyeux d'un chien nous faisant un bout de conduite... et même la vue imprenable sur le derrière du cheval laissant échapper son crottin. Enfin nous découvrîmes la ferme qui constituerait le lieu de notre séjour, la salle commune qui sentait le fourneau et la crème qu'on baratte...

Une chambre nous avait été préparée sous le toit, petite, mais meublée de deux lits dodus et gonflés d'édredons, d'oreillers rebondis où il devait faire bon enfoncer sa tête...

Deux lits ! Un pour chacun ! Nous n'avions jamais connu cela.

Et, dès le lendemain, ce furent le chant réitéré du coq, la première visite à l'étable où les vaches meuglent en attendant la traite, les poules qui se précipitent vers vous dans la cour, espérant du grain ; l'odeur puissante de la porcherie où dans la pénombre se dessine la silhouette blafarde et crasseuse des cochons qui s'énervent et vous saluent d'un ronflement peu amène. Attention, nous avertissait le fils aîné de notre hôtesse, ils peuvent mordre méchamment !

Un jour, deux jours passèrent. Bien vite, nous prîmes nos habitudes et surmontâmes la timidité du premier contact, dans cette famille où nous étions accueillis comme des neveux ou des cousins. Des jours lumineux commencèrent. Nous connûmes les glissades dans la meule de paille qui salit les culottes, la cueillette des mûres, qui tachent les doigts, sur les buissons des chemins creux, la visite émerveillée aux lapins si doux et chauds dans leurs clapiers, les garçons de la ferme voisine qui fabriquaient des sifflets de sureau et nous apprirent à repérer les nids ou à faire siffler un brin d'herbe tendu entre les pouces…

À table aussi, le changement était spectaculaire par rapport à ce que nous avions connu, surtout depuis l'Occupation : la saveur inconnue d'une omelette, le rassasiement d'un pâté aux pommes de terre et à la crème, le parfum subtil et fort d'une tisane provenant du tilleul de la cour, la chaude odeur des gros pains ronds sortant du four de pierre à la porte cintrée, le casse-croûte des moissonneurs qui boivent un vin rêche et vous permettent d'y tremper les lèvres, tandis qu'ils roulent le tabac gris entre leurs doigts puissants et habiles de travailleurs...

Tant de choses qui rendaient si lointain ce vieux Paris noirâtre et fumeux déjà en proie au rationnement alimentaire ; si irréelle, et pareille à un mauvais rêve, la présence des soldats bottés et casqués de vert-de-gris, qui ne se montraient pas encore dans cette campagne reculée...

De temps à autre, Mme Coignet nous considérait en souriant :

— Ah, vous ne connaissiez point tout ça, pardi ! Toujours à respirer du mauvais air là-haut dans vot' Paris...

Elle roulait les « r », c'était l'accent du pays. Nous sentions qu'elle était fière de nous voir galoper et « prendre des joues », comme elle disait, dans son petit coin de France.

Je songeais par moments que mon père et ma mère, eux non plus, n'avaient pas connu ça. Ils avaient toujours habité la ville. À l'avance, je me réjouissais de tout ce que nous aurions à leur raconter au retour : la découverte d'un monde nouveau. Nous avions entendu le vieux maréchal qui disait que « la terre, elle, ne mentait pas » ; je n'avais pas compris ce qu'il voulait dire. Et je ne savais pas si elle mentait ou non, la terre, mais je sentais bien qu'elle nous prodiguait sa verdure et ses cris d'animaux, ses odeurs puissantes, avec une inépuisable générosité, enivrante et bienfaisante.

Jamais nous n'avions été aussi heureux de vivre. Les journées se passaient en jeux et en petits travaux qui étaient aussi amusants que des jeux. Lorsque Mme Coignet était contente de nous, elle nous donnait un bonbon chacun. Je me rappelle avoir ainsi conservé un papier dans lequel, subrepticement, j'avais enveloppé une crotte de chèvre avant de l'offrir à mon frère. La réussite de ma petite blague, sa grimace de dégoût lorsqu'il porta à sa bouche le « bonbon » que je lui avais si généreusement cédé, me remplirent d'une joie inextinguible.

Des cartes postales arrivaient de Paris tous les huit jours, ponctuellement postées par ma mère. « J'espère que vous êtes bien sages… Saluez pour moi la dame qui a la gentillesse de vous recevoir… » Mme Coignet conservait ces cartes en noir et blanc, qu'elle mettait soigneusement en évidence, fixées au buffet de la cuisine : le Sacré-Cœur, la tour Eiffel, l'Arc de triomphe. « Ah, ça doit être bien beau, pour sûr… », disait-elle songeusement. Elle n'était jamais allée à Paris.

À la fin août, brunis par le soleil, forcis et pétulants de santé, grandis de cinq ou six centimètres, nous dûmes envisager le moment du retour à Paris. Il y eut la dernière soirée, la dernière promenade jusqu'au bout du chemin… Et puis, au matin, devant notre valise, presque mal à l'aise dans nos vêtements de voyage, se déroulèrent les instants déchirants des adieux au chien Méda. La même carriole qu'à l'arrivée nous conduisit jusqu'à la gare, où Mme Coignet ne put s'empêcher de pleurer en nous faisant de gros baisers d'adieu.

À cet âge, la mélancolie passe vite, et, une fois que le train roula, nous nous sentîmes bien contents, quand même, de rentrer à la maison, de retrouver notre famille, notre quartier et nos copains. Nous ne savions pas encore quelle rude désillusion nous attendait.

Lorsque nous reprîmes pied sur le quai de la gare d'Austerlitz, nous aperçûmes Madeleine, Eva et Berthe qui nous faisaient de grands signes. Je bondis de joie de revoir ces silhouettes gracieuses, qui promettaient des rires et des baisers…

Je ne sais pourquoi, alors que je courais vers elles, je sentis soudain que quelque chose n'allait pas, et mon sourire dut se figer visiblement sur mon visage. Elles me semblaient réservées, d'une gravité anormale dans un moment pareil.

Mon intuition ne me trompait pas. Ce fut Madeleine qui, après nous avoir embrassés, nous annonça la mauvaise nouvelle.

— On ne vous l'a pas dit pour ne pas gâcher vos vacances. Papa a été arrêté par la police française et emmené, parce qu'il n'a pas la nationalité française. On ne l'a pas revu. Il est à Drancy.

Fin du miracle.

7

Les parents de Lucien sont revenus.

Mais aujourd'hui, avec eux, il y a une petite fille ; une blondinette à taches de rousseur, avec deux nattes qui sortent droit de son béret. C'est la petite sœur de Lucien. À chaque fois qu'ils arrivent, ils font beaucoup de bruit. Ils commencent par expliquer qu'ils sont harassés de travail, qu'au moment de fermer la boutique il y a trois clientes qui sont arrivées, que c'est toute une affaire pour venir de Puteaux…

— Enfin, on est bien contents de te voir, garçon ! conclut le père avec une gaieté qui me semble feinte.

— Ah mais je ne voulais pas dire qu'on regrette, renchérit la dame. Mais quand même, vivement que ce soit fini, tout ça… Enfin ! Tiens, on a apporté ça pour toi…

Elle jette un regard alentour, me sourit brièvement avec une pointe de gêne, tout en déposant deux paquets, un gros et un petit, sur le lit de Lucien.

— Qu'est-ce que c'est ?

— Eh bien, ouvre !

Dans les lits les moins éloignés, les regards se font attentifs. Moi aussi, j'observe, en essayant de rester discret. Mais chaque fois c'est pareil : on considère avec émerveillement et envie les petits cadeaux apportés aux uns et aux autres par les familles.

Lucien a déchiré le papier du gros paquet ; il en retire deux livres.

— *Les Chevaliers du désert*, lit-il ; et... *Henri, enfant de France*.

J'aperçois au passage les illustrations des couvertures : pour le premier, un méhariste sur son chameau ; pour le second, une troupe de garçons en costume de scout. Je sais ce que c'est, les scouts. J'en ai vu un groupe, une fois, quand on était chez Mme Coignet avec mon frère. Ils étaient en excursion et elle leur avait permis d'établir leur feu de camp non loin de la ferme.

Déjà, Lucien a enlevé le papier de soie du petit paquet : il en tombe une demi-douzaine de barres de chocolat Menier.

— Essaie de ne pas tout manger d'un coup ! avertit le père, souriant. Ça devient difficile d'en trouver...

Et les voilà qui racontent les difficultés à se ravitailler, les tickets de rationnement, les files d'attente devant les magasins.

— On a eu la visite des cousins de Saint-Cloud... Ils nous ont apporté cinq cents grammes de café, on peut dire que c'est drôlement gentil...

C'est alors seulement que je me suis aperçu que la sœur de Lucien, la petite fille aux nattes, me regardait en souriant. Elle s'est approchée.

— Je ne t'avais pas encore vu... La dernière fois, j'avais une angine, maman n'a pas voulu que je vienne. Je m'appelle Denise. Je connais déjà Samuel. Tu as quoi, toi ?

— Denise, laisse-le tranquille ! intervient la mère, légèrement agacée. C'est ton grand frère que nous sommes venus voir !

Denise, avec une grimace, se tourne à nouveau vers le lit de Lucien.

— Alors, on va faire le tour du parc ? demande ce dernier.

Dans les grands jours, en effet, Lucien a le droit de quitter le lit. Il peut descendre au rez-de-chaussée, soutenu par deux personnes, et là, on lui donne un fauteuil à roulettes. Il attend ça, bien sûr, avec impatience. C'est normal. Chacun de nous glane les petits plaisirs qu'il peut. Un tour du parc, c'est une chance !

Aidé par son père et sa mère, il se lève ; on lui apporte ses cannes. C'est toute une affaire. Enfin, ils disparaissent.

Une fois qu'ils sont partis, Samuel lâche un long soupir.

— Il a de la veine, Lucien... Mais j'aime pas sa mère. C'est une vache.

— Pourquoi ?

— Ben, t'as pas vu ? Elle ne veut même pas que sa fille nous parle… Et tu sais pourquoi ?

— Ben non… Pourquoi ?

Je reste perplexe. Samuel lève les yeux au ciel.

— T'as pas compris ? C'est parce qu'on est des juifs…

Ils sont revenus au bout d'une demi-heure. La petite Denise apportait quelque chose, emballé dans son mouchoir.

— J'ai trouvé des noisettes, dit-elle. Personne ne les cueille ! Vous en ferez passer à tout le monde…

Elle dépose son présent sur ma table de chevet. Elle en a également bourré les poches de son gilet ; elle vient les poser sur la table de Samuel. Je la trouve très mignonne.

En partant, elle vient nous faire une bise à tous les deux.

— Tu te dépêches, oui ? gronde sa mère.

Samuel a peut-être raison. On dirait qu'elle n'aime pas que Denise s'attarde avec nous. Celle-ci me fait une petite moue distraite, qui veut dire : « Tu vois, je suis obligée d'obéir, c'est comme ça… » Puis elle s'éloigne.

Le soir, après le repas, je me surprends à penser à Denise. Son joli minois, son sourire flottent devant mes yeux. Durant quelques instants elle a remplacé mes sœurs, qui me manquent.

Nous n'avons pas de casse-noisettes.

*

Paris XVIIIe, automne 1941

— Maman, à l'école il y a un gars qui dit que les juifs c'est eux qui ont tout l'argent…

Quelques semaines ont passé depuis notre retour des vacances chez Mme Coignet. La rentrée des classes a eu lieu. Ce jour-là, je marche avec ma mère dans la rue. J'ai entendu ces propos, à l'école, et ça me tracasse. Je ne comprends pas. Ma mère laisse échapper un petit rire – un rire lassé, qui veut dire qu'elle ne trouve pas ça drôle.

— Eh bien, ils n'ont qu'à venir voir ici… Ils verront si on a tout l'argent… Tiens, ouvre-moi donc la porte, je suis encombrée…

Je me précipite pour pousser le vantail, je le tiens pour laisser passer ma mère avec les deux ballots de vêtements à repriser qu'elle vient d'aller chercher. Puis je trotte vers le bas de l'escalier, et comme d'habitude je frappe violemment dans mes mains, je donne un coup de talon sur la première marche de bois. On entend quelques remuements et grattements : ce sont les rats, inquiets, qui se mettent à l'abri. J'ai l'habitude de ce rituel qui évite les mauvaises rencontres.

« Ce sont eux qui ont tout l'argent… » Cette phrase me poursuit. La veille encore, comme j'accompagnais ma mère pour aller faire les provisions, je me suis étonné de la voir passer sans s'arrêter devant la vitrine habituelle :

— Maman, on ne va pas à l'épicerie ?

— Non, mon chéri... On va chez M. Tenenbaum... Lui, il est des nôtres, il veut bien encore nous faire crédit...

Le magasin de M. Tenenbaum se trouve à deux rues de là. Je le connais : c'est un habitué de la synagogue, mon père et lui s'entendaient bien. Et maintenant on va se servir chez lui, et plus chez M. Bretonneau, qui a affiché une photographie du maréchal dans sa boutique.

Depuis notre retour d'Andelaroche, ma mère nous dit qu'elle se retrouve désormais seule pour nourrir tout le monde, et qu'il faut se restreindre.

Qu'est devenu notre père ? Nous n'avons toujours pas compris.

Juste après la rentrée des classes, elle nous a annoncé, un après-midi, comme nous revenions de l'école :

— Demain, on déménage.

Stupeur.

— On va loin ?

— Non. On va dans le premier immeuble, celui qui donne sur la rue.

En effet, nous habitons sur la cour, dans le second bâtiment.

— Il y a une pièce libre, en haut. Il faudra s'en contenter. Ici, je ne peux plus payer le loyer.

Le lendemain, qui était un jeudi, nous nous sommes donc installés au dernier étage de l'autre immeuble. Les maris de deux voisines sont venus donner un coup de main pour transporter la table, le buffet, les lits. Nous, on portait ce qui était le moins lourd, les bibelots, la vaisselle. J'ai cassé un plat.

Vide, la pièce qui serait désormais notre chez-nous paraissait assez spacieuse ; mais, au fil des voyages dans l'escalier, elle s'est remplie, et on s'est aperçus que ce ne serait pas commode de tenir à cinq dans ce petit espace.

Il a bien fallu s'y faire.

Ma mère ne rechigne pas devant le travail. Elle fait de la couture, de petits travaux. Dans notre nouveau logement, elle s'est installée près de la fenêtre afin d'avoir le plus possible de lumière. Quand la nuit tombe, elle allume une petite lampe, près d'elle, pour continuer à travailler.

— Ma pauvre, dit-elle à la voisine, je m'arrache les yeux, mais qu'est-ce que vous voulez...

S'arracher les yeux : c'est son expression. Maman parle souvent avec la voisine. Elles se racontent leurs soucis quotidiens, tâchent de se remonter le moral. Je les écoute de loin... Elles parlent doucement sur le palier, tandis que je fais mes devoirs.

Un autre souvenir de cette période m'a marqué, et me donne un pincement au cœur dès que j'y repense. Un matin, ma mère m'a envoyé à la boulangerie. J'ai patienté, puis, mon tour venu, j'ai demandé un pain. Alors la boulangère a froncé les sourcils et a voulu savoir mon nom.

— Grosman... ?

Elle feuilletait un gros cahier posé près de la caisse.

— Ah oui, Grosman, voilà... Eh bien tu diras à ta mère que je te donnerai du pain quand elle m'aura réglé tout ce qu'elle me doit.

Confus – la boutique était pleine de clients –, j'ai marmonné un « oui, madame », et j'ai fait demi-tour.

En passant la porte, j'ai entendu la commerçante prendre à témoin la cliente qui me suivait :

— C'est bien gentil ! On envoie le gosse pour m'apitoyer ! Mais ça ne prend pas.

Je m'éloigne sur le trottoir, à petits pas, tête baissée. Jamais je ne me suis senti aussi humilié.

« Les juifs, ils ont tout l'argent. »

*

Ainsi tous mes souvenirs me poursuivent-ils sur mon lit d'hôpital. Je les rumine indéfiniment. Ce n'est pas le temps qui manque. J'essaie de comprendre la logique de tout cela. Les amis de mon père qui s'inquiétaient de Hitler. Drancy. L'étoile jaune. Un coup de pied. La disparition inexpliquée de ma famille. Ce que je comprends, c'est que tout le monde nous en veut. Les Allemands. Beaucoup de Français aussi. Mais pourquoi ? Samuel et moi, deux gamins malades et esseulés, nous portons sur nos épaules la haine inexplicable de tout un monde.

*

— Bonjour, mon petit. Je ne t'ai pas encore vu ici, je crois...

L'homme qui me parle est un grand gaillard entre deux âges, noir dans sa soutane, le teint un peu rougeaud. Mlle Angéline et les autres l'appellent l'aumônier.

Il se déplace de lit en lit, transportant avec lui un petit tabouret sur lequel il s'assied afin de converser un moment avec chacun. À chaque déplacement, le père Riquet transporte et dispose derrière lui un petit paravent à deux pans, qui permet d'isoler quelque peu celui qui se confie.

On n'entend presque jamais la voix de l'aumônier : juste un murmure indistinct que seul peut comprendre celui qui se trouve tout près de lui. En s'asseyant près de moi, comme il l'a fait avec les autres, il porte l'extrémité de ses doigts à son front, à sa poitrine et vers chacune de ses épaules.

— Non, monsieur..., ai-je répondu à son entrée en matière.

— Dis plutôt : « mon père ».

— Euh... Non, mon père. Je viens d'un autre hôpital.

Le « père » approuve, fait quelques questions : est-ce que j'ai mal ? Est-ce que j'aime lire ? Est-ce que je m'entends bien avec mes camarades ? Je sens qu'il ne va pas tarder à me recommander la patience et le courage ! J'ai l'habitude. Mais voilà que surgit une question inattendue :

— Est-ce que tu veux te confesser ?

Me confesser ? Je suis obligé de lui avouer que je ne sais pas ce que cela veut dire.

— Comment ça ? Tu ne t'es jamais confessé ?

— C'est-à-dire... Je suis juif.

— Ah... Bien sûr... Eh bien... Notre-Seigneur Jésus, lui aussi, était juif. Tu le savais ?

— Non...

— Mais tu crois en Dieu.

— Euh... Oui, mon père.

En fait, je ne me suis pas demandé depuis fort longtemps si je crois en Dieu. J'ai répondu « oui » pour ne pas me montrer contrariant ou insolent...

— Le Dieu des chrétiens est le même que celui des juifs, m'explique-t-il. Efforce-toi de lui être fidèle. Moi, je prierai Jésus pour toi.

Et puis, de deux doigts, il dessine une croix dans l'air en marmonnant quelques mots incompréhensibles et se lève. Le père Riquet s'empare du paravent et l'aumônier de son tabouret, et ils se dirigent vers Lucien.

Est-ce que je crois en Dieu ? À la maison, lorsque mon père parlait de la synagogue et du culte, on disait plutôt « l'Éternel ». Donc, les chrétiens et les juifs ont le même Dieu. Et Jésus était juif.

Tout ça n'éclaire pas beaucoup ma lanterne.

Le garçon qui m'a flanqué le coup de pied dans la cour, je m'en souviens, avait dit un jour qu'il était catholique. Il portait une petite croix d'argent, pendue au cou par une chaînette. Il avait dit aussi que c'était la faute des juifs si Jésus avait été tué.

Cette histoire semble bien compliquée. Et de toute façon, elle ne change rien à mon sort.

*

— Mais c'est qu'il n'a encore rien mangé, celui-là !

C'est l'heure des plateaux. De fait, le mien est resté à peu près tel qu'il était quand on l'a déposé sur mon lit. Les carottes. Toujours ces maudites carottes.

Mlle Angéline soupire, grondeuse, les mains sur les hanches. En général, elle est assez gentille, mais j'ai toujours un peu peur quand elle hausse la voix. Elle est brusque, elle n'a pas de douceur. Et aujourd'hui ça me manque tout particulièrement.

— Ça ne va pas du tout, ça, fiston !

Maussade, je finis par murmurer :

— Je n'aime pas ça.

— Tu n'aimes pas ça ! Tu crois qu'on peut se permettre de faire le difficile, par les temps qui courent ? Tu voudrais peut-être des ortolans ?

Je soupire, au bord de la révolte. Il s'agit bien de cuisine… !

Et puis c'est le chagrin qui me submerge. Je sens mes yeux se mettre à me piquer, ma vue se brouille. Un sanglot m'échappe. Pourtant, je n'aurais pas voulu…

— Allons, bon, soupire-t-elle, soudain radoucie. Le v'là qui pleure. Qu'est-ce qu'il y a donc, mon gars ?

Alors je tends le bras et saisis une enveloppe, près du lit. Je la lui donne.

Cette lettre, c'est moi qui l'ai envoyée, il y a quelques jours, à l'adresse de Mme Grosman, 28, rue Feutrier, Paris XVIIIe. Et aujourd'hui elle m'est revenue, une fois encore, barrée d'une mention à l'encre violette : « N'habite plus à l'adresse indiquée. » Mon cœur a bondi, pourtant, tout à l'heure, à la distribution, lorsque le père Riquet a annoncé mon nom… et ce n'était que ma lettre.

J'ai reçu ce retour de courrier comme un coup de poing. Ou de pied… Oh, je m'y attendais ! Je croyais n'avoir plus aucune illusion. Depuis le temps ! Mais, pourtant, ça m'a fait un coup. Cette fois, je me laisse pleurer, tant pis. C'est trop lourd. Je sens les larmes rouler sur mes joues.

— C'est chaque fois pareil, dis-je entre deux sanglots. Où est-ce qu'ils sont partis ?

Mlle Angéline se mord la lèvre. Elle ne sait visiblement que répondre.

— Ah, coquin de sort ! murmure-t-elle. Allez, mon pauvre petit, il faut patienter… Ici, tu sais, on te laissera pas tomber, c'est un homme bien, le docteur…

Puis, de nouveau, les sourcils froncés :

— Ah, coquin de coquin de sort…

Elle s'éloigne. Je la rappelle :

— Mademoiselle... C'est quoi, des *orlotans* ?

*

Et voilà : de nouveau je suis allongé dans un véhicule qui roule. Ça gronde en dessous de moi, ça vibre et, par la vitre, au-dessus, je ne vois guère que le ciel, le sommet des arbres ou des maisons.

Je voudrais me redresser, m'asseoir, afin de savoir où je suis, quel paysage on traverse. Mais on m'en empêche. Et ce sont Mlle Angéline et l'aumônier qui m'en empêchent, me maintiennent de force plaqué à mon brancard. Je me débats, je gigote, je voudrais bouger, me tourner, prendre appui sur un coude, mais rien à faire, ils sont trop forts. Je me mets à suffoquer, à crier... Et puis je m'éveille, haletant. Le lit un peu dur. La pénombre de la chambrée, où parvient la timide lueur de la veilleuse du couloir. Au bout, là-bas, la fenêtre. Et, au-dehors, la nuit, la grande nuit froide, immense.

Comment me rendormir ? Ici on ne bouge jamais, on est allongé du matin au soir et du soir au matin. On finit par n'avoir plus jamais sommeil. On est fatigué sans savoir de quoi, on passe sa vie allongé, mais on n'est jamais reposé.

L'aumônier, Mlle Angéline... Encore sous le coup de mon rêve, je me prends à les détester. Au fond je déteste tout le monde ici. Je déteste Mlle Angéline, je déteste l'aumônier, je déteste le docteur Daviel, je déteste les parents de Lucien et tous les parents des autres... Puis cela retombe. Mais non, je ne les déteste pas. Ils font ce qu'ils peuvent. Ce qui m'arrive n'est pas leur faute. Et les autres garçons de la chambre, je ne les déteste pas non plus, mais je les envie, quand même, parce qu'ils ont des parents, eux...

Quel peut être ce pays où l'on nous traite de youpins – une espèce d'étrangers, des gens pas comme les autres que l'on peut injurier, à qui l'on peut donner des coups de pied... ? Je plains mon pauvre père, arrêté, qui a dû se ronger d'angoisse en se demandant comment nous allions vivre sans lui... J'ai peur pour ma mère, mes frères et sœurs... Qu'a-t-il pu advenir d'eux ? Que d'injustice !

Impuissant dans ma nuit, je n'arrive pas à penser à autre chose, tout en sachant qu'il est inutile de ressasser ces sombres pensées. Demain, j'en parlerai à Samuel. Je suis sûr qu'il me comprendra. Je ne peux me confier qu'à lui. Un jour ou l'autre, tous les deux, nous sortirons de là, nous resterons des amis, et cette amitié-là remplacera tout ce que nous avons perdu.

8

Depuis deux heures, les chameaux marchaient, dociles, dans le paysage brûlant. Édouard, la tête recouverte de l'ample keffieh, somnolait, bercé par le balancement de l'animal...

— Maurice !... Maurice !

Tiré de ma lecture, je relève le nez du livre *Les Chevaliers du désert*, que Lucien m'a prêté après l'avoir lu. Une superbe aventure dans laquelle des « traîtres » veulent massacrer toute une garnison de spahis ; mais il y a aussi, heureusement, des Arabes « fidèles à la France », qui aident le héros à déjouer les plans machiavéliques de l'ennemi.

C'est Samuel qui m'a appelé.

— Oui, qu'est-ce qu'il y a ?

— Je sais ce qui est arrivé à mes parents, me dit-il à mi-voix. Pourquoi ils ne viennent plus. Je suis sûr que c'est pareil pour les tiens. Tu veux que je te le dise ?

— Eh ben oui... C'est quoi, alors ?

Je glisse dans mon livre une photo qui sert de signet et le referme.

— Les Boches les ont emmenés, dit Samuel. Ils emmènent tous les juifs. Ils demandent aux Français de leur livrer les juifs, et Pétain a dit qu'il était d'accord. T'avais l'étoile jaune ?

— Oui…

— Ça sert à ça. À les reconnaître. Maintenant ils les emmènent.

— Où ça ?

— Je ne sais pas. Mais on ne les reverra plus, tu sais.

Je fronce les sourcils. J'essaie de me représenter la chose.

Puis je me rebelle intérieurement. Non, non. Ce n'est pas vrai. Ça ne peut pas être vrai ! C'est idiot ! Qu'est-ce qu'ils en feraient ?

— Je ne te crois pas. Et d'abord, comment tu le sais ?

— C'est le père Riquet qui me l'a dit.

— Je ne l'ai pas vu te parler. Je vous aurais entendus.

— C'est avant-hier, quand on m'a emmené pour la radio. Il me l'a dit.

— Non, je ne te crois pas…

Samuel me regarde longuement de ses yeux noirs et doux.

— Je te le jure, Maurice…

— Ce n'est pas vrai…

Je sens à nouveau ma gorge se nouer, mes yeux me piquer.

Samuel me dévisage toujours, compatissant. Il ne faut pas que je pleure. Ça ne se fait pas de pleurer. Samuel ne pleure pas, lui.

— Nous, si on n'était pas malades, reprend mon compagnon, on aurait été emmenés avec eux. Tu vois : en un sens, on a de la chance d'être là !

Il accompagne cette remarque d'un bon sourire. Il est gentil, Samuel. Mais enfin, quand même, de la chance ! Pourquoi s'obstine-t-on à me répéter que j'ai de la chance ?

Et puis, soudain, me vient une idée. Quelque chose me revient... Subitement, je pense que Samuel a raison. Je détiens peut-être même une information qu'il n'a pas. Un éclair vient de se produire dans mon esprit.

Le puzzle commence à se mettre en ordre.

— Ils les emmènent à Drancy, dis-je.

— À Drancy ?

— Oui. C'est là que mon père a été emmené quand on l'a arrêté...

— Ah bon ?

J'opine de la tête, gravement.

— Je le sais, dis-je. J'y suis allé.

*

Automne 1941

Simon et moi marchons le long d'une triste avenue de banlieue. Immeubles de brique, pavillons de meulière, entrepôts. Il pleut légèrement. Nous marchons tous deux en silence.

— Tu es sûr que c'est par là ? demande enfin Simon, inquiet.

Il traîne la patte, rechigne.

— Mais oui, je suis sûr ! Allez, avance.

Je m'efforce de parler sur un ton ferme, mais j'ai quand même un doute. Ça fait un bon moment que nous marchons dans ce décor désolant, et, en fait, je me demande si nous avons pris le bon chemin. Avec nos maigres sous, nous nous sommes payé l'autobus jusqu'en fin de ligne. Après, il n'y avait plus qu'à marcher.

— On va se faire gronder par maman ! murmure Simon.

— Mais non ! On ne fait rien de mal ! On va voir papa. Elle sera contente d'avoir de ses nouvelles.

Au retour de notre séjour à la campagne, nous n'avons pu savoir qu'une chose : notre père avait été arrêté en tant que juif étranger et il se trouvait interné à Drancy. Ses papiers n'étaient pas en règle, paraît-il. Enfin, il y avait un problème de ce genre-là. Nous, nous ne comprenons rien à ces choses.

Nous nous sommes installés dans la pièce unique, au dernier étage, de l'autre immeuble, peu de temps auparavant. Il a bien fallu s'habituer à cette nouvelle vie. Nous faisons de notre mieux, mais l'absence de notre père nous taraude. L'idée a germé la semaine dernière, au pied de l'immeuble. Nous nous sommes assis,

Simon et moi, pensifs, au bord du trottoir. J'ai trouvé un bâton avec lequel je m'amuse machinalement à gratter entre les pavés, dans le caniveau où coule une eau douteuse. Et c'est Simon qui a dit soudain :

— Je voudrais voir papa.

J'ai réfléchi un instant ; j'ai pensé qu'il avait raison. J'ai dit :

— On n'a qu'à y aller...

— Tu es fou ! C'est loin... On n'y arrivera jamais.

— Moi, je sais où c'est.

Le jeudi, j'ai quand même pris soin d'aller vérifier, sur les plans affichés à la gare du Nord, où se trouvait Drancy. Et puis, ce matin, nous sommes descendus dans la cour, sous prétexte d'aller jouer ; et nous avons filé. Nous voilà maintenant en train de marcher à travers cette banlieue inconnue. Tout à l'heure j'ai demandé à des passants où se trouvait le camp d'internement. Ils me l'ont indiqué – et, en me retournant, je les voyais qui nous regardaient partir, intrigués.

Nous apercevons enfin de longs murs monotones, que surmontent deux rangs de fils de fer maintenus à intervalles réguliers par des potences. C'est probablement là. Il nous faut encore marcher une bonne dizaine de minutes, en longeant le mur, pour arriver devant le portail d'entrée. Trois gendarmes se trouvent là, causant et fumant leurs cigarettes à proximité d'une guérite.

Mon cœur se met à battre plus fort, et au même moment je sens la main de mon petit frère qui cherche la mienne. J'ai beau dire, j'ai le sentiment de faire une bêtise, du moins quelque chose qui se trouve au-delà du raisonnable ou du permis.

Tant pis. Nous voulons voir notre père. On ne peut quand même pas nous dire que c'est mal ? Nous nous dirigeons, la peur au ventre, vers les trois hommes qui nous observent, manifestement surpris et légèrement méfiants.

— Qu'est-ce que vous voulez donc, les mômes ? demande l'un d'entre eux, un bon gros à moustache et double menton.

Je suis l'aîné, c'est à moi de parler. Je me lance, la voix légèrement tremblante.

— Nous voudrions voir notre père. Il est ici.

— Votre père ?...

L'homme ouvre de grands yeux. Il échange un regard entendu avec ses collègues.

— Il s'appelle M. Grosman, ajoute Simon.

Le gendarme secoue la tête, complètement éberlué.

— Voir votre père ! Ah non, mais c'est pas possible, ça, vous savez.

Un autre gendarme s'est approché :

— Et vous venez d'où, comme ça ?

— De Paris, m'sieur. Rue Feutrier, dans le XVIIIe arrondissement.

— Le XVIIIe... Et votre mère, elle sait que vous êtes là ?

Nous demeurons muets, comme pris en faute. C'est déjà une réponse. Le gendarme hoche la tête :

— Bon, de toute façon, vous ne pouvez pas entrer.

— Mais on ne peut pas le faire venir au portail ?

— Le faire venir au portail ! C'est ça, on va organiser le parloir...

Il nous regarde. Je suis incapable de me figurer ce qu'il peut bien penser à cet instant. Enfin il soupire :

— Chienne d'époque, va, marmonne-t-il.

Puis il reprend d'un ton énergique :

— Bon, allez, les mômes, vous allez vous dépêcher de rentrer chez vous, il n'y a que ça à faire.

— Mais, monsieur...

Il semble consulter ses collègues d'un coup d'œil.

— Y'a pas de « mais monsieur » ! Allez, filez, ou je me fâche ! Hop !

Une petite tape amicale sur mon épaule dément la menace ; mais elle ne m'oblige pas moins fermement à faire demi-tour et à déguerpir. Que faire ? Il n'y a pas trente-six solutions. Il faut obtempérer. Nous nous éloignons, tête basse.

Et voilà, l'équipée est finie. En quelques secondes, le beau château de cartes que nous avions édifié s'est effondré. De nouveau, nous marchons, silencieux, penauds, dans ce décor sinistre. C'est long. Cela paraît encore plus immense et désolé qu'à l'aller. À un moment, j'entends à côté de moi un reniflement. Je prends Simon par l'épaule, mais j'évite de tourner la tête vers lui. Je me retiens de pleurer, moi aussi.

*

Printemps 1943

— Alors c'est ça, la régénération de la France ? Vous la trouvez toujours aussi jolie, votre révolution nationale ? Vous avez vu ce qu'ils font ?

La porte de la chambrée est demeurée ouverte, et c'est la voix de M. Charles que l'on entend retentir dans le couloir. Il discute avec Véronique, et le moins qu'on puisse dire, c'est qu'ils n'ont pas l'air d'accord. Il s'efforce de parler bas, mais c'est plus fort que lui, sa voix fuse et parvient jusqu'à nous.

Dans la chambrée, un grand silence s'est fait. Tout le monde tend l'oreille. Pourquoi ils se disputent ? Nous sommes tellement isolés, dans l'ignorance de tout, que le moindre renseignement, la moindre bribe de conversation surprise entre les grandes personnes sont captés et enregistrés avidement. Et puis, nous nous ennuyons – les journées sont si longues ! Cette petite algarade dans le couloir est un événement passionnant.

— Vous ne saviez pas, vous ne savez pas, vous ne savez rien ! gronde M. Charles. Il n'y a plus personne qui veuille savoir quoi que ce soit, dans ce pays ! C'est bien commode, de ne pas savoir !

On entend la voix de Mlle Béraud, hésitante, semblable à celle d'une petite fille qui se fait gronder et se défend maladroitement :

— Mon père dit que le maréchal ne peut pas avoir voulu ça.

— Ben voyons ! J'espère pour lui qu'il est complètement gâteux, votre maréchal ! Ça serait bien la seule excuse...

Puis il baisse la voix, on n'entend plus que quelques mots entrecoupés : « En attendant... expliquer... des gamins... » Apparemment, cela nous concerne. De quoi s'agit-il donc ? Je tends l'oreille, l'œil vers la porte. Est-ce qu'ils vont se décider à venir nous parler ?

Enfin Mlle Béraud entre.

— Bonjour, les enfants !

La voix se veut enjouée, comme à l'ordinaire, mais on sent bien que le cœur n'y est pas.

— Bonjour, Véronique...

C'est elle qui veut qu'on l'appelle Véronique.

Comme d'habitude elle est toute fraîche, jolie, pomponnée.

— Il y a du chocolat, annonce-t-elle. Mais uniquement pour ceux que personne n'est venu voir... Quels sont ceux qui n'ont pas reçu de visite de leur famille, cette semaine ?

Déjà son regard se tourne vers Samuel et moi. Nous levons le doigt, ainsi que trois ou quatre autres. Mais elle se retourne, remarquant la présence de M. Charles, qui est entré derrière elle et la considère, immobile.

— Eh bien ? Vous n'êtes pas parti ?

— Non, mademoiselle...

Puis, s'adressant à nous :

— Il faut bien remercier Mlle Béraud. Elle se donne beaucoup de mal pour vous faire plaisir. Et ce n'est pas facile...

— Ah, ça, vous pouvez le dire... Mais j'ai réussi à obtenir des bons pour un peu de chocolat...

M. Charles approuve gravement. Il la regarde d'un drôle d'air.

— Et pour le vernis à ongles ? reprend-il. Et pour ces jolis bas ?

Nous ne perdons pas une miette de ce curieux dialogue. Véronique a légèrement rosi. Agacée, elle tient bon :

— C'est mon frère qui se débrouille pour me trouver ça.

— Ah, je vois... Il a les relations qu'il faut, votre frère.

Elle le fusille du regard, puis adopte un petit sourire dédaigneux :

— Oui, mon frère a des relations. Et puis d'ailleurs, monsieur l'instituteur, moi, j'ai vingt-quatre ans, et guerre ou pas guerre, je n'ai pas envie de ressembler à un sac de rutabagas ! Voilà !

M. Charles, les mains dans les poches, hoche la tête en silence, sans cesser de la scruter.

Il se passe alors quelque chose de très surprenant : Mlle Béraud se met à pleurer.

Ça alors !

Stupéfaction générale. Nous observons la scène, les yeux écarquillés, sans comprendre ce que dissimule cet échange. Pourquoi pleure-t-elle ? Ce sont les mystères des grandes personnes. Parfois on dirait qu'ils dissimulent des messages secrets dans les mots anodins qu'ils échangent. La pauvre Mlle Béraud sanglote donc et renifle, plantée devant l'instituteur. Et puis elle tape légèrement du pied, comme une petite fille encore, partagée cette fois-ci entre le désarroi et la colère.

Alors il s'approche d'elle, se met à sourire et lui pose doucement une main sur le bras :

— Pardon, Véronique... Ce n'est pas votre faute, tout ça. Je sais que vous êtes une personne très bonne. Allez, essuyez-moi ça...

Il tire de sa poche un grand mouchoir à carreaux, impeccablement propre et repassé, qu'il lui tend. Nous ne comprenons toujours pas ce qui se passe, pourquoi elle s'est mise à pleurer, et pourquoi maintenant il la console. Elle hésite, boudeuse, puis se décide à saisir le mouchoir. Elle s'essuie délicatement les yeux, se rassérène.

— J'ajoute, continue M. Charles très doucement en la regardant droit dans les yeux, que même habillée avec n'importe quelles nippes, vous ne ressembleriez pas à un sac de rutabagas... Allez, on va leur distribuer leur chocolat, à ces jeunes gens...

Mais, à ce moment-là, il se tourne vers Samuel et moi, l'air soudain plus grave :

— Quant à vous deux, il faut que je vous parle…

Il s'empare d'un tabouret et vient s'asseoir entre nos lits.

Il s'est mis en devoir, ces derniers jours, de se renseigner sur ce qu'il était advenu de nos familles. Il s'est rendu rue Feutrier.

Cette scène-là, je n'y ai pas assisté, mais j'y ai assez repensé, les jours suivants et depuis, pour me la représenter comme si je l'avais vue…

*

Rue Feutrier, XVIIIe arrondissement

M. Charles surgit au coin de la rue et regarde les façades, songeur. Puis il marche tranquillement, les mains dans les poches de son pardessus, jusqu'à une porte cochère ; il lève le nez, vérifie qu'il est bien au numéro 28. Il entre, et, avisant à droite une petite porte vitrée que masque un rideau, il frappe.

— Voilà, voilà…

Des pas se font entendre à l'intérieur. La porte s'ouvre. Paraît une femme d'une soixantaine d'années, les cheveux gris, les épaules recouvertes d'un châle. C'est la concierge de l'immeuble. Mme Lamour, elle s'appelle. Figure familière. Souvent, quand les gamins font trop de tapage, on la voit surgir en rouspétant. Mais nous ne la redoutons guère.

— Bonjour, monsieur... Vous désirez ?

— Bonjour, madame. Excusez-moi de vous déranger. Je... Je voudrais avoir des nouvelles d'une famille de cet immeuble. J'ai pensé que peut-être...

La femme le regarde d'un air soupçonneux.

— Et quelle famille ?

— Grosman... C'est à titre tout à fait personnel. Pardon, je ne me suis pas présenté : je m'appelle M. Charles, je suis instituteur.

Il se compose le visage le plus ouvert et le plus sincère possible. Le mot « instituteur » semble avoir fait mouche : elle le considère plus aimablement.

— Peut-être, si cela ne vous ennuie pas trop, pourrions-nous parler quelques instants ?

Il a fait un geste discret vers l'intérieur de la loge. Mme Lamour semble hésiter, et se décide enfin à ouvrir la porte plus largement.

— Eh bien, entrez...

Il s'avance dans la petite pièce qui sert à la fois de bureau et de salle à manger. Une odeur de ragoût provenant de la pièce voisine imprègne l'atmosphère.

— Asseyez-vous...

— Merci.

Il s'installe, pose son chapeau sur le bord de la table. La concierge reste debout.

— Voilà, explique-t-il. Je donne quelques leçons de rattrapage, le jeudi, dans un service hospitalier pour enfants… Il y a là un jeune garçon, Maurice Grosman, qui est sans nouvelles de sa famille depuis plusieurs mois. Les lettres qu'il a envoyées ici lui sont revenues… Alors j'essaie de savoir ce qui s'est passé.

Elle soupire, les yeux baissés vers le carrelage.

— Je ne vous ai rien offert, dit-elle soudain.

— Oh, je n'ai besoin de rien…

— Moi, si !

Elle se déplace jusqu'au buffet, ouvre l'une des portes, saisit une bouteille et deux petits verres. Il aperçoit l'étiquette : Rivesaltes.

Mme Lamour a toujours eu un petit faible pour la bouteille. Elle est connue pour ça, dans l'immeuble.

— Dans ce cas, je vais vous accompagner, dit M. Charles.

Elle s'assied, verse précautionneusement le liquide blond dans les verres taillés.

— C'est bien moi qui ai renvoyé les lettres, dit-elle. Je ne voyais pas ce que je pouvais faire d'autre. Allez, à votre santé…

Elle s'octroie une gorgée d'apéritif. M. Charles y trempe les lèvres à son tour.

— Je me rappelle bien ce petit… Et toute sa famille. De braves gens, on a beau dire ! Les autres, je ne sais pas, mais ceux-là, croyez-moi, ils ne s'enrichissaient pas sur le dos de la France… Ah pour sûr, ça ne risquait pas !

Nouvelle rasade. Puis la voix baisse, comme si elle redoutait d'être écoutée :

— Qu'est-ce que vous voulez ! Ils sont venus les chercher, pis voilà, on les a pas revus. Ni eux ni les autres.

— C'était quand ?

— Eh ben, à l'été... Juste après le 14 juillet, tiens ! Si c'est pas malheureux...

— Ils sont venus... Vous voulez dire, la police ?

— Pardi ! Y'avait l'autobus, là, au bout de la rue... Et allez, hop ! Ils en ont pris quasiment dans tous les immeubles... Et adieu !

— Et donc, les Grosman aussi...

— Ben, le père, il était déjà plus là. Lui, c'était l'année d'avant, je sais pas ce qu'il avait fait... Pourtant, je vous jure, c'était un brave homme, il ne pensait qu'à trimer pour nourrir son monde, et c'était pas le banquet tous les jours ! Enfin il restait la mère, pauvre femme. J'en parlais dans le quartier, j'essayais de lui faire avoir des petits travaux, la couture, tout ça... Cinq gosses, vous parlez d'une sinécure ! Enfin y'en avait plus que quatre, le petit était à l'hôpital – pas le plus petit : l'avant-dernier. Comme si elle avait pas déjà assez de soucis, cette pauvre dame.

— Et alors, la rafle ?

Elle sursaute. Le mot a sonné comme une grossièreté.

— Oui, se ravise-t-elle. C'est bien ça qu'il faut dire. Ben ils sont venus, y'en avait aux deux bouts de la rue. Puis ils sont montés dans les appartements... Remarquez, je me souviens, y a un inspecteur qu'était venu plus tôt, à 7 heures ! J'étais en train d'ouvrir les volets. Il m'a dit que ceux qui avaient l'étoile feraient mieux de ne pas être là dans la journée... Il avait l'air inquiet, il m'a demandé si je pouvais le dire dans les étages...

— Et vous l'avez fait ?

— Ben c'est-à-dire, j'allais pas réveiller tout le monde à c't'heure-là ! Je me suis dit je monterai un peu plus tard... Mais un peu plus tard, c'était trop tard...

Elle tend la main vers la bouteille, remplit son verre, oubliant d'en proposer à son visiteur. Elle s'octroie aussitôt une nouvelle rasade.

— J'me rappelle... Tiens, y avait une des petites Grosman, justement... Je la vois revenir après être allée chercher le lait, ils étaient déjà dans les étages. Ah, j'ai hésité, puis je lui ai dit de rentrer ici, de pas monter... Mais rien à faire ! Elle avait eu peur en voyant la police et tout, elle voulait à tout prix remonter chez sa mère... Pauvre gamine ! Tout ce monde est descendu cinq minutes après. Et voilà...

À nouveau elle saisit son verre, qu'elle vide d'un trait. Sa main tremble. Son regard se promène, machinalement, sur la toile cirée qui couvre la table.

— Qu'est-ce que vous voulez..., lâche-t-elle dans un soupir. Qu'est-ce que vous voulez !

Rien. Il ne voulait plus rien. Il n'y avait plus rien à dire.

Il s'est levé et il a pris congé.

*

À présent, M. Charles a fini son récit.

Nous l'avons écouté, Samuel et moi, dans un état de tension inimaginable. Je voyais tout, l'immeuble, Mme Lamour, j'imaginais la police aux deux bouts de la rue, et tous ces gens que je connaissais, qui étaient des voisins, des amis. Tous ces garçons et ces filles avec qui j'avais joué.

À présent je reste sans voix. Je sais tout, mais je ne réalise rien. C'est trop énorme pour pouvoir être enregistré. Cela s'inscrit dans l'esprit comme un mauvais rêve. Il me faudra des jours et des nuits pour me figurer l'inimaginable. Des années peut-être. Et encore, aujourd'hui, il m'arrive de croire à une fantasmagorie...

M. Charles, le même jour, s'est rendu rue Saint-Honoré, où les parents de Samuel tenaient un magasin d'antiquités. Là, c'est le patron du café d'en face qui l'a renseigné. Les parents de Samuel ont été embarqués eux aussi, à la même date, et le magasin a été « aryanisé », ce qui veut dire qu'un Français non juif en a assuré la gérance. Assez vite, les objets anciens, les meubles précieux ont pris le chemin de l'Allemagne.

À cette évocation, la voix de M. Charles tremble d'indignation :

— Encore un qui s'en est mis plein les poches.

Samuel et moi, nous ne disons rien. Je le vois qui regarde devant lui, l'œil fixe. Et moi non plus je n'ai rien à dire. Je ne sais même pas si nous avons mal. Nous sommes hébétés. Passé un certain seuil, le désastre ne provoque plus qu'une espèce de sérénité sombre, mortelle.

M. Charles nous prend la main à chacun :

— Du courage, les gars... Du courage. Il faut espérer.

Puis il se lève, en soupirant, et s'éloigne.

Du courage. Il est gentil, M. Charles.

Je tourne la tête vers Samuel. Nos regards se croisent. Nous n'avons pas besoin de dire un mot. De l'autre côté, Lucien, qui a tout entendu, tient son livre ouvert devant lui, mais il ne lit pas.

Non, décidément, il n'y a rien à dire lorsque le monde s'est inexplicablement écroulé autour de vous.

*

C'est l'après-midi. Un soleil printanier se glisse dans la chambrée par la haute fenêtre, là-bas.

Comme chaque mardi, Mme Tournillet est venue nous dispenser la leçon de chant. C'est une dame d'une cinquantaine d'années, coiffée d'un chapeau que maintiennent des aiguilles. Lorsqu'elle arrive, elle installe un petit lutrin dépliant où elle dépose des partitions. Aujourd'hui, nous avons appris à chanter en canon. Elle nous a avertis que c'était difficile, et en effet il y en a toujours un pour se tromper et reprendre les paroles du groupe voisin...

— Très bien, les enfants... Et maintenant, nous allons terminer par notre chanson habituelle.

Elle lève sa baguette.

— Attention. Un, deux, trois... *Maréchaa-al, Nous voilà-à-à... Devant toi, le sauveur de la France...*

Une vingtaine de jeunes voix enfantines reprend l'hymne en l'honneur du chef de « l'État français ».

... la patri-i-ie
Renaîtra-a-a
Maréchal, Maréchal, nous voilà-à-à !

Je chante, moi aussi, de bon cœur. Et à pleine voix.

Ça passe le temps.

9

Cependant que s'écoule notre morne vie de petits prisonniers avec ses ingrédients habituels, les soins, les visites, les maigres distractions, la guerre continue. Mais ce n'est pour nous qu'une rumeur lointaine. De cela non plus, nous ne savons presque rien. Seuls, de temps à autre, le père Riquet et M. Charles nous donnent quelques nouvelles. Le père Riquet non plus n'aime guère les Allemands. Il les appelle les Fridolins, les Vert-de-gris.

Nous avons appris que la guerre s'est déplacée en Afrique, où les Alliés ont débarqué il y a plusieurs mois, ce qui a provoqué l'invasion de la zone libre par les Allemands. Dans le Pacifique aussi, on se bat, à cause des Japonais. M. Charles nous montre tout cela sur une carte du monde qu'il apporte à cet effet, sous couleur d'étudier la géographie.

Mais un jour qu'il parlait des Russes et des Américains, un des grands a levé le doigt :

— De toute façon, monsieur, le Reich allemand est invincible, et le seul avenir de la France est de collaborer avec lui pour édifier l'Europe.

Cela a jeté un froid. Nous avons déjà vu plusieurs fois les parents de ce garçon prénommé Étienne ; nous avons entendu son père lui parler du parti « collaborationniste » auquel il appartient.

Étienne regardait l'instituteur droit dans les yeux, avec un air de défi. M. Charles a changé de sujet, sans commentaires.

J'ai l'impression qu'il ne dit pas tout ce qu'il pense.

*

Depuis cette nuit, un des enfants de la chambrée pleure et gémit lugubrement. « Ma tête ! Ma tête ! » Mlle Angéline, dès son arrivée, a alerté le docteur Daviel, qui est venu l'examiner. Nous l'avons clairement entendu lâcher un gros mot entre ses dents. Puis, en repartant, il a employé un autre mot que je ne connaissais pas, un mot médical, cette fois, quelque chose comme ménagite. Ménage, ménagite ?

Un peu plus tard, j'ai interrogé le grand Luc.

Le grand Luc est une personnalité marquante de notre chambrée. C'est le fils d'un concierge du XVIIIe arrondissement. Les jambes tordues par la polio, il a le droit d'aller clopiner sur ses cannes dans les couloirs. Il part, revient, laisse traîner ses oreilles, sait toujours tout. Enfin, il a l'air de savoir. Il doit tenir ça de ses parents. En tout cas, cela lui confère une certaine autorité.

Ma question l'a d'abord fait ricaner ; il ricane tout le temps, prend volontiers des airs supérieurs :

— Pas « ménagite », idiot ! Méningite. *Nin*. Les méninges, c'est un truc que t'as dans la tête.

Puis il a baissé la voix :

— Et si t'as ça, mon p'tit pote, tu meurs !

Il disait ça avec les yeux brillants, comme si quelque chose en lui se régalait d'annoncer une mauvaise nouvelle. Je ne l'aime pas tellement, Luc. C'est-à-dire qu'il m'inquiète.

Un peu plus tard, Mlle Angéline est venue faire une piqûre au petit malade. Maintenant, il continue de geindre doucement, en prononçant des mots qu'on ne comprend pas. De temps en temps le ton monte, puis retombe, comme une mélopée.

— Il a le délire, murmure Samuel.

*

Un peu plus tard, Riquet et un autre garçon de salle sont venus. Ils ont installé des paravents tout autour du lit de l'enfant à la « ménagite ». Maintenant, les gémissements s'espacent.

Le grand Luc les regardait faire, l'œil fixe et avide. Rien à faire, je ne l'aime guère, celui-là. Je me le reproche, parce qu'après tout, dans l'ensemble, il est plutôt gentil, mais il y a ce sentiment de peur qu'il me communique... Avec sa patte toute tordue et ses béquilles, il provoque un malaise. On dirait que toutes les misères de l'hôpital lui sont familières. Il en a tellement vu !

Il est venu vers nous avec son balancement étrange dans la démarche, ses épaules remontées par l'usage continuel des cannes, et il a dit à voix basse :

— Ça, ça veut dire qu'il va mourir.

En même temps qu'il faisait ce commentaire, ses yeux brillaient à nouveau.

— Pff ! Qu'est-ce que t'en sais ? a soufflé Lucien.

— J'le sais. J'en ai d'jà vu. Quand ils mettent les trucs, là, tout autour, ça veut dire qu'on va mourir !

— Dis pas ça. T'en sais rien !

Non, vraiment, on a l'impression qu'il prend plaisir à raconter des horreurs. Seulement, après la visite de l'après-midi, deux infirmiers sont venus avec un chariot roulant. Ils sont allés vers le lit aux paravents. On n'entendait plus rien. Ils ont soulevé le garçon, l'ont installé sur leur civière. Puis ils l'ont couvert entièrement avec le drap. Même la tête. Et ils l'ont emmené.

Luc, qui passait la porte à cet instant, a suivi le chariot des yeux et puis, triomphant :

— Qu'est-ce que j'avais dit ? Hein ? Qu'est-ce que j'avais dit ?

Un grand silence a accueilli la révélation. Luc avait raison. Il était mort.

Mourir ? Je n'avais encore jamais pensé qu'on puisse mourir. C'était un truc pour les vieux, mourir. Cela nous était étranger, à nous. Alors maintenant ce garçon, là, semblable aux autres, avec qui l'on bavardait ou chahutait encore il y a quelques jours, ne vivait plus ?

Mais le grand Luc n'en avait pas fini avec ses révélations. Il a repris, à la cantonade, de sa voix claironnante :

— Mais c'qu'il a eu, maintenant, on peut tous l'attraper ! Ouais ! Toi, moi, lui... C'est contagieux. Quand c'est dans une chambre, ça se balade.

Il semblait très fier de proclamer ce qu'il savait. Mais, en même temps, on aurait dit qu'il avait la trouille, le grand Luc, et qu'il essayait de s'en débarrasser en la communiquant aux copains. Et ça n'a pas traîné : il y a un petit, en face de moi, qui s'est mis à pleurer. Une panique effroyable.

— J'veux pas l'avoir ! a-t-il hurlé d'une voix lamentable, entre deux sanglots.

— C'est malin, dit Lucien. T'avais besoin de raconter ça ?

Toute la soirée, le gamin a pleuré de trouille, avec des hoquets. « J'veux pas l'avoir, j'veux pas l'avoir ! », répétait-il.

On n'arrivait pas à le consoler.

Voilà, c'est nouveau : nous savons tous, désormais, que nous pouvons mourir du jour au lendemain.

*

— Lucien, annonce le père Riquet, son paquet d'enveloppes à la main. Samuel... Samuel et Maurice... Ah, tiens, c'est pour vous deux...

Je regarde mon camarade, qui a pris la lettre. Aussi étonné que moi, il déchire d'un doigt le coin de l'enveloppe.

— Ah dis donc...

Il se tourne vers Lucien :

— Ça vient de ta sœur...

— Ah bon ?

Samuel lit à haute voix :

Cher Samuel et cher Maurice,

Comme j'écrivais une lettre pour mon frère, j'ai pensé à vous qui êtes ses copains. J'espère que vous ne vous ennuyez pas trop là-bas et que vous vous soignez bien, mais quand même ça ne doit pas être drôle. Je vous ai fait ces dessins, j'espère qu'ils vous plairont.

Je vous embrasse bien tous les deux.

Denise

Samuel lâche un petit rire un peu ironique, mais sans conviction. Il s'empare des deux feuilles jointes à la lettre.

— Pour Maurice... Tiens, c'est pour toi, celui-là.

Puis il émet un petit sifflement admiratif :

— Dis donc, elle est douée, ta frangine ! lance-t-il à Lucien.

Le dessin qu'elle a fait pour lui représente une rivière, avec un pont, des bois, et plus loin un clocher, le tout colorié au pastel.

Celui qui m'est destiné représente un garçon et une fille qui se tiennent par la main, un peu comme les amoureux de Peynet. Au-dessus d'eux, sur une branche d'arbre, un petit oiseau émet des notes de musique.

Je me sens secrètement flatté. Je trouve cela beaucoup mieux, comme sujet de dessin, qu'une rivière et un pont. Je crois même que si ce dessin-là avait été destiné à Samuel, j'aurais peut-être été un peu jaloux.

*

Été 1943

— C'est donc un très long règne qui prend fin avec la mort de Louis XIV... Et l'on peut dire que ce règne a été glorieux pour la France, mais au prix de beaucoup de guerres et de misères. La Régence, qui va suivre, sera très différente... Nous en parlerons la prochaine fois.

M. Charles referme son livre. Nous, on replie les cahiers.

Des semaines ont passé. C'est toujours pareil. La méningite n'a pas semblé vouloir faire trop de ravages. Nous avons entendu parler de deux ou trois autres cas. Aucun dans notre chambre. Nous n'y pensons plus guère. Nous vivons, résignés, passifs, dans la minute présente, qui s'étend indéfiniment, toujours la même, au gré des menus événements de l'hôpital. Les jours se ressemblent. Les chagrins se cachent. On se fait à tout.

Marcel lève le doigt.

— M'sieur... M'sieur !

Marcel a lui aussi une forte personnalité. Il s'est en quelque sorte improvisé notre représentant, notre tribun. Il n'hésite jamais à formuler à voix haute nos souhaits, nos modestes revendications ou demandes. Il n'est pas nécessaire de les formuler. Il devine.

M. Charles lui donne la parole.

— M'sieur... On voudrait bien que vous nous parlez de maintenant...

— *Parliez !* corrige l'instituteur. Que vous nous *parliez*. Subjonctif. Mais comment ça, de maintenant ?

— Ben oui, dit Marcel. Comme l'autre jour... La guerre, et tout...

Puis il cligne de l'œil et désigne le lit d'Étienne, qui a été changé de service. Étienne, qui vibrait d'enthousiasme pour l'Europe unie autour du *Führer*.

— Vous pouvez bien y aller, il n'est plus là...

Il regarde l'instituteur d'un œil plein de sous-entendus.

À ce moment, à l'autre bout de la salle, la porte s'ouvre ; et Véronique fait son entrée. C'est devenu tellement habituel que nous n'y prêtons plus attention : elle nous fait sa visite hebdomadaire le jeudi après-midi, après quoi M. Charles et elle repartent ensemble.

— La guerre… répète l'instituteur après avoir salué Véronique d'un sourire. Eh bien…

Il hésite un peu, puis hausse les épaules et se lance :

— La vérité, c'est que les Allemands sont en train de décrocher complètement en Russie… Les Popov reprennent des villes, une par une, et les autres se sauvent…

— Ce n'est pas ce que disent les journaux ! intervient Véronique.

Il sourit.

— Oh, les journaux… Ils racontent ce qu'on leur dit de raconter à la Propaganda Staffel… Mais il y a de moins en moins de Français pour les croire. Ah, autre chose : les Américains débarqueront sans doute bientôt en Italie… Ils sont prêts…

— Et de Gaulle ?

Un grand silence se fait après cette nouvelle intervention de l'intrépide Marcel. Les yeux brillent. De Gaulle, c'est un nom qui circule. Certains en ont entendu parler, mais c'est toujours à mi-voix qu'ils l'évoquent. Comme si on risquait d'être puni.

M. Charles accuse le coup, puis échange de nouveau un coup d'œil avec Véronique, qui le regarde sévèrement. Enfin, il sourit, malicieux :

— De Gaulle… Eh bien il est en Afrique, auprès du général Giraud. Et il y a pas mal de Français avec lui. Ils se battent courageusement, avec les Anglais et les Amerloques !

Sa voix vibre. Véronique s'avance, contrariée :

— Charles... Vous ne devriez pas parler comme ça... Ils peuvent répéter certaines choses à leurs parents...

Le sourire de l'instituteur s'élargit :

— Ah, vous vous inquiétez pour moi ? Vous me voulez du bien, maintenant ? C'est nouveau...

— Vous êtes imprudent. À quoi ça sert ?

— Bah... Dites-moi, Véronique, et votre frère... Il en est où ?

— Toujours pareil...

— Eh bien, c'est peut-être lui le plus imprudent des deux... Croyez-moi, le jour où le vent va tourner, et ça ne tardera plus, les gars comme lui, ils auront intérêt à se faire tout petits, tout petits...

Elle baisse les yeux, inquiète. M. Charles s'est approché et la regarde avec affection, et un peu de tristesse.

— Ce que j'en dis... C'est pour vous... Vous avez bien le droit d'aimer votre frère... Vous devriez lui conseiller de se calmer.

— Facile à dire. Il n'en tient plus que pour le Reich immortel.

*

Aujourd'hui, j'ai une lettre difficile à écrire. Depuis hier soir, je la rumine et la médite dans ma tête. Ma tête est douloureuse. Cela fait deux jours que j'ai mal à la tête et que je frissonne.

Alors, j'ai compris. Je suis certain d'avoir compris. Il ne peut pas y avoir de doute.

Courage. Pour une fois, c'est le cas de le dire. J'écris :

Chers maman et papa,

Chers frère et sœurs,

Les nouvelles que je veux vous donner de l'hôpital ne sont pas bonnes. Je ne sais pas quand vous lirez ma lettre ni si vous la lirez un jour mais si c'est le cas il me faut vous dire que vous ne me reverrez plus. En effet j'ai mal à la tête et je sais que c'est la méningite. Déjà un garçon de la chambre et d'autres à l'hôpital sont morts à cause de ça.

Ici j'ai fait la connaissance d'un ami qui s'appelle Samuel ; c'est à lui que je donne ce que j'ai ici pour qu'il vous le rende un jour. C'est mon grand ami, et si vous le voyez, vous devrez bien l'accueillir et qu'il fasse partie de notre famille pour toujours.

Je regarde la photo de vous tous et je pense à vous en pleurant maintenant que je vais mourir. Je vous aime et vous embrasse tous en vous disant adieu.

Maurice

Je sais bien que cette lettre ne leur parviendra sans doute jamais. Mais je dois quand même l'écrire et l'envoyer, à tout hasard. Peut-être ne sont-ils pas morts.

J'ai fait la nomenclature de mes modestes biens : une photo de ma famille, deux ou trois livres, mes vêtements. J'ai rédigé un testament dans lequel je confie tout cela à Samuel. Et cette lettre, enfin, qu'il devra donner aux miens si jamais ils se retrouvent...

Samuel secoue la tête, incrédule :

— Mais attends, c'est idiot, tu sais même pas si tu l'as...

— Moi, je te dis que je l'ai. Tu dois me promettre ! Tu sortiras, tu essaieras de retrouver mes parents. Mlle Véronique pourra peut-être t'aider...

Samuel hausse les épaules :

— Bon, d'accord...

À cet instant il semble épouvantablement malheureux.

Moi, je n'ai pas accompli ma mission jusqu'au bout. J'ai une autre lettre à lui confier. Soigneusement cachetée, celle-là. Elle est destinée à la petite Denise. Et je suis le seul à savoir ce qu'elle contient.

Nous restons silencieux tout le reste de l'après-midi. Je réfléchis. Mourir là, maintenant. Je n'ai pas peur. Je me sens même soulagé. J'ai hâte que ça vienne. Je vais peut-être délirer un peu, comme notre camarade ; puis je vais m'endormir pour toujours. Je n'aurai plus mal à la jambe, je ne soupirerai plus d'ennui, allongé là sans fin. Je ne grimacerai plus de douleur au moment des ponctions. Je ne me rongerai plus les sangs en me demandant ce qu'il a pu advenir de mes parents, de tante Régina, de tout ce qui était ma petite vie d'enfant. Je m'endormirai. Et après, il n'y aura plus rien.

Ce sera très bien.

10

Je n'avais pas la méningite. Juste un peu de grippe et de fièvre. J'ai attendu la mort pendant trois ou quatre jours, et puis je n'y ai plus pensé.

Désormais je me laisse aller, l'esprit vide. Chaque heure semblable à la suivante, le temps s'écoule, sorte d'éternité au rabais.

Et puis, un beau matin, le docteur Daviel a débarqué comme un fou dans la chambre. Les plateaux du petit déjeuner venaient à peine d'être débarrassés. On ne l'avait jamais vu ainsi, le « docteur », comme on disait en parlant de lui.

Et tout le monde a compris à l'instant même qu'il se passait quelque chose d'exceptionnel et d'anormal.

Mlle Angéline le suivait, l'air alarmé et prêt à tout de la personne qui va devoir éteindre un incendie dans les minutes suivantes.

Il avait l'air furieux. Il est entré, il s'est mis à parler comme il faisait toujours, sans regarder personne. Seuls existent pour lui les maladies, les dossiers, les traitements. Le reste, il n'a pas le temps d'y songer.

— Bon alors, ici, qui est-ce qu'on a ?

La voix est impérieuse, pressante. Toute pâle, Mlle Angéline suit de la pointe de son crayon la liste qu'elle a fixée à une tablette avec une petite pince :

— Eh bien, il y a le petit Samuel... et puis celui-ci... bredouille-t-elle, terrorisée, éperdue du désir de bien faire.

Son doigt me désigne.

— C'est tout ?

La voix tonne. À l'évidence, Mlle Angéline n'a pas le droit de se tromper, d'hésiter ou de ne pas savoir.

— C'est tout, docteur.

— Bon.

Il se tourne vers moi :

— Grosman, c'est toi ?

— Oui, monsieur.

— Non ! Grosman, c'est pas toi. Il n'y a pas de Grosman ici. À partir de maintenant tu t'appelles... Mangin. Allez, hop. Mangin, tu t'appelles. C'est le nom de mon voisin de palier. Maurice, c'est bon. Maurice Mangin.

De nouveau à l'infirmière :

— Et vous, vous me prenez tous les papiers et vous faites comme vous voulez, vous recopiez tout, il s'appelle Mangin. Ajoutez en rouge qu'il n'est pas transportable. Pas transportable, d'accord ? Contre-indication absolue ! Et l'autre, c'est qui ? Celui-là ? Samuel ? Ah non. Il s'appelle Georges. Georges... Noyer. Georges Noyer. Non : Dunoyer. C'est noté ?

Puis, à la ronde :

— Vous entendez, les gosses ? À partir de maintenant il y a Dunoyer, et il y a Mangin. Le premier d'entre vous qui dit autre chose à qui que ce soit aura affaire à moi ! Bon, on continue.

Il tourne les talons. Mlle Angéline trotte derrière lui. On l'entend, le docteur Daviel, qui fulmine dans le couloir :

— Bon Dieu de bon Dieu ! Je n'ai pas assez à faire ! Il faut que je m'occupe de ça ! Bon Dieu, mais où on va ?

Un grand silence est tombé dans la chambrée.

Même le grand Luc, qui sait toujours tout, ne comprend pas. Il est parti aux nouvelles. À ce moment, je regrette mes mauvaises pensées à son sujet. Il se préoccupe de notre sort, il s'efforce de nous être utile. Il profite de sa mobilité relative pour nous aider. Ce petit privilège est tout ce qui lui reste : nous avons appris, par l'intermédiaire d'un autre garçon, que ses parents boivent tous les deux. Luc est malheureux à l'hôpital, mais il serait aussi malheureux chez lui. Ils ne viennent jamais le voir. Eh oui, il y a aussi des parents qui pourraient venir, et qui ne viennent pas...

Mais finalement ce n'est pas Luc, c'est le père Riquet qui nous a fourni l'explication, l'après-midi même. Il en sait, des choses, le père Riquet. Avec ses airs de brave Parigot du coin, la clope aux lèvres, le balai et le seau à la main, il prête attention à nous et fait ce qu'il peut.

On était jeudi, M. Charles venait d'arriver, et Riquet, dès qu'il l'a vu, s'est précipité vers lui :

— Eh ben ! Le patron là, je peux vous dire que c'est un homme bien. Le docteur Daviel. Ah ça, c'est un homme bien.

Et il raconte.

L'hôpital a reçu une lettre officielle, estampillée par les autorités allemandes ainsi que par l'Assistance publique. Cette lettre ordonnait à chaque directeur de service de fournir la liste des « Israélites » se trouvant parmi leurs patients. Ces derniers, une fois identifiés, seraient ensuite évacués de l'établissement dans des véhicules mobilisés à cet effet.

La lettre ne précisait pas où on les emmènerait.

M. Charles secouait la tête, incrédule.

— Ça fait deux jours qu'il se démerde avec ça, le patron, continuait Riquet, très animé. Il a bricolé des noms, il en a déclaré quelques-uns décédés... On peut dire qu'il a pris des risques.

Il nous regardait tour à tour, comme s'il n'en revenait pas.

— Ah ça, c'est un homme bien, on peut le dire, répétait-il.

La leçon de l'après-midi ne s'est pas déroulée comme à l'ordinaire.

M. Charles a bien tenté de nous intéresser à la grave question des divisions à virgule, mais lui-même ne semblait pas avoir la tête à ses explications. Et lorsque l'on a entendu d'inhabituels bruits de moteur, en bas, dans la cour, et que le grand Luc, alerté, a fait mine de bondir sur ses cannes, M. Charles n'a rien fait pour l'en empêcher.

Dix secondes plus tard, tout ce qui dans la chambre était valide se bousculait devant la fenêtre. C'est Marcel, le speaker de la chambrée, qui s'est tourné vers ceux qui, comme moi, demeuraient cloués à leur lit.

— Y'a deux autocars, et puis des ambulances. Et des malades qu'on fait monter dedans...

M. Charles n'était pas le dernier à avoir filé vers la fenêtre. Quand il s'est retourné, il était pâle. Son menton tremblait. Il s'est assis sur une chaise, la tête dans les mains. Je me suis demandé s'il n'était pas en train de pleurer.

C'est alors qu'on a vu apparaître l'aumônier.

Il est entré sans un mot, aussi rougeaud que d'habitude, mais manifestement troublé. Il a pris M. Charles à part, ils ont discuté à voix basse. M. Charles approuvait gravement. Nous n'avons entendu que les derniers mots de l'entretien :

— Cela dit, vous savez, monsieur l'abbé, moi je ne crois pas en Dieu..., disait notre instituteur.

Le prêtre l'a regardé de côté :

— Mais peut-être que Dieu croit en vous. En tout cas, vous pourriez rester avec nous, votre simple présence serait une bonne chose pour les enfants.

— Si vous voulez, monsieur l'abbé.

Enfin l'aumônier s'est tourné vers nous :

— Mes enfants, je voudrais que nous fassions ensemble une prière pour ceux qui souffrent...

Il a baissé les yeux, il se triturait les mains devant lui, bizarrement :

— Et en particulier pour ceux qui doivent quitter cet hôpital aujourd'hui. Nous allons donc réciter le « Je vous salue Marie » et le « Notre-Père »...

Puis il a commencé, suivi par les voix hésitantes de la plupart d'entre nous :

— Au nom du Père, du Fils et du Saint-Esprit, ainsi soit-il. Je vous salue, Marie pleine de grâce...

Samuel et moi, nous n'avons pas prié. D'ailleurs, nous ne connaissions pas les paroles. J'écoute, je ne comprends pas ce que tout ça veut dire. « Priez pour nous, pauvres pécheurs... » Il me semble que je ne crois plus à aucune prière, celle-là ou une autre... Cependant, je comprends que c'est un peu pour nous qu'ils le font. Et même si ça ne sert à rien, cela part d'un bon sentiment. M. Charles, digne dans son coin, demeure lui aussi muet, les mains croisées devant lui.

Véronique est arrivée un peu plus tard. Elle est allée droit vers M. Charles. Et, cette fois-ci, elle ne semblait pas du tout gênée que nous écoutions ce qu'elle lui disait :

— Charles, je viens d'apprendre ce qui s'est passé...

Les yeux de l'instituteur étincelaient :

— Oui, Véronique... Tous les juifs ont été emmenés hors de l'hôpital. C'est une abomination. C'est répugnant.

Il était éperdu. Cette fois-ci, c'est lui qui semblait implorer son aide. Elle l'a regardé comme jamais elle ne l'avait regardé :

— Je pense comme vous, Charles... Maintenant, je comprends.

Elle lui a pris les deux mains, implorante, impatiente :

— Charles, je veux faire quelque chose avec vous et vos amis.

— Mes amis ?

Il levait vers elle des yeux incrédules.

— Ne faites pas semblant de ne pas comprendre, reprit-elle. Vous me faites confiance, ou pas ?

— Oui, je vous fais confiance.

— Et moi je ne suis pas idiote...

Elle a continué à mi-voix, on a juste saisi le mot « Résistance ». L'instituteur a hoché la tête :

— C'est dangereux, Véronique... Mais nous verrons...

C'est un peu plus tard que Marcel, l'audacieux parmi les audacieux, a demandé à la jeune femme avec un bon sourire :

— Dites, mademoiselle... M. Charles, c'est votre amoureux ?

Je crois qu'elle a piqué un fard. Puis, avec un petit sourire, elle lui a répondu :

— Si on te le demande, tu diras que tu n'en sais rien.

*

Dans le désastre où je me trouvais, où nous étions, Samuel et moi, je crois bien que nous n'avons pas même songé à dire merci au docteur Daviel. Nous en arrivions à tout prendre comme ça venait, dans une sorte d'indifférence morne.

Bien plus tard, je me suis souvenu de cet épisode et j'ai réalisé que ce médecin bougon et toujours pressé, qui ne semblait jamais nous voir, nous a tout simplement, ce jour-là, sauvé la vie.

Il aurait suffi de trois fois rien, d'un dossier mal maquillé, d'un subordonné mécontent qui révèle la supercherie, et il partait, lui aussi, pour ne plus jamais revenir.

À treize ans, j'étais déjà rescapé pour la deuxième fois...

*

— Ça bataille très dur en Italie ! Mais les Américains avancent... Mussolini ne gouverne plus...

Aujourd'hui, M. Charles a déployé une carte, qu'il avait apportée roulée sous son bras. Il indique les lieux de l'action, Naples, la Calabre, la Sicile.

— Le roi a désigné le maréchal Badoglio pour lui succéder. Badoglio a compris qu'il devait sauver son pays. Il se retourne contre les Boches...

Véronique l'écoute, souriante. Et plus du tout inquiète, à présent. Nous sentons qu'un seuil a été franchi. Quelque chose a changé. Et dans cette chambrée, il y a maintenant une vingtaine de petits patriotes qui suivent avec passion les explications de l'instituteur.

La guerre en Afrique, jusqu'en Libye. La guerre en Italie. La guerre en Grèce. Dans nos imaginations, ça n'a plus rien à voir avec la guerre quand elle était ici – un conflit grisâtre, triste, lent. Là-bas, elle nous apparaît belle, la guerre. Une guerre heureuse, ensoleillée, héroïque, la guerre de la lumière contre l'ombre ! Du moins c'est comme ça que nous l'imaginons. Comme dans le roman *Les Chevaliers du désert*.

— Même le général Franco s'arrange pour aider les Alliés... C'est un sacré salaud, celui-là, mais il est malin, il a compris qu'Hitler était foutu, alors il rend de petits services aux futurs vainqueurs... Il espère qu'ils lui en seront reconnaissants par la suite.

M. Charles parle avec enthousiasme, l'index circulant sur la carte de l'Europe.

— Le plan des Alliés est simple : prendre les Allemands en tenaille, les Russes d'un côté, les Anglo-Saxons de l'autre, et, surtout, mettre la main sur les puits de pétrole... Qui sont là... Plus de pétrole : plus de chars et plus d'avions !

Du coup, on fait de la géographie, il nous explique où sont les grands champs pétrolifères. Une fois que les Allemands, engagés à l'Est et au Sud, commenceront à manquer de pétrole, l'oncle Sam attaquera le gros morceau : la France.

— Mais ce sera quand, m'sieur ?

— Vous pensez bien qu'ils ne vont pas le claironner à l'avance !

*

Octobre 1943

Et puis une surprise tombe, un matin, à la distribution du courrier.

Depuis longtemps, je n'attends plus rien. Je n'ai plus essayé d'écrire à ma famille. À quoi bon ! Chaque jour, je regarde le père Riquet passer de lit en lit en annonçant le nom de chacun ; et, lorsque les copains échangent les petites nouvelles qu'ils ont reçues, je me contente d'écouter...

Mais voilà qu'aujourd'hui Riquet s'arrête devant moi, une enveloppe à la main.

— Grosman...

Je le regarde, interloqué, sans même tendre la main vers l'enveloppe.

— Eh ben oui, mon p'tit père... Y'a bien écrit Grosman !

Enfin je me décide à saisir le pli, le cœur battant. Je le tourne et retourne dans tous les sens. Cela vient de Limoges : 16, rue des Petites-Maisons, Limoges, Haute-Vienne. J'interroge Samuel :

— Tu sais où c'est, toi, Limoges ?

— Un peu dans le Centre... Ouvre-la donc ! Tu attends quoi ?

Mon cher petit Maurice, mon petit frère adoré,

ça n'a pas été facile de savoir où tu étais... Mais l'hôpital d'Hendaye, puis celui de Suresnes, m'ont dit qu'on t'avait mis à Garches. Et j'ai été bien heureuse de savoir enfin que du moins tu étais en sécurité et soigné...

J'interromps ma lecture, ébahi, transporté de surprise et de joie. C'est Madeleine ! Ma grande sœur ! Je me jette sur la suite :

Il s'est passé beaucoup de choses pour nous pendant tout ce temps. Je ne sais pas bien par où commencer.

D'abord, les mauvaises nouvelles. Maman, Simon, Berthe et Eva ont été emmenés par la police, l'été dernier. Depuis, je n'ai plus aucune nouvelle d'eux, ni de papa. Je n'étais pas là quand ça s'est produit. Tu savais, je crois, que j'avais un fiancé depuis le printemps... Enfin, presque un fiancé... Un garçon très gentil, qui m'invitait au cinéma et qui était amoureux de moi sans oser me le dire.

C'est lui qui m'a sauvée. Il appartient à une organisation, il savait qu'on risquait d'arrêter les juifs. Il avait un moyen de venir ici, à Limoges, où il connaissait des gens qui pouvaient l'accueillir et lui fournir un petit travail. Il m'a proposé de l'accompagner. Maman a accepté. Hélas ! Il ne pouvait pas emmener tout le monde.

Depuis, nous nous sommes mariés. Nous avons maintenant une petite fille de six mois qui s'appelle Marinette. Oui, tu as une nièce ! Ici, nous vivons tranquillement, pour le moment. Dès que je pourrai, je t'enverrai une photo de nous trois.

Ne t'inquiète pas, mon petit frère : nous sommes restés seuls tous les deux mais la guerre sera bientôt finie et je m'occuperai de toi. Je t'aimerai comme a su le faire maman et je ferai tout pour toi. Surtout, ne t'abandonne pas à la tristesse, sache que je suis là et que bientôt nous serons réunis...

Ta grande sœur qui t'aime.

Madeleine.

J'achève cette lecture le cœur battant – et en même temps avec la gorge serrée. Je regarde à nouveau l'enveloppe, puis la feuille que recouvre la fine écriture de ma sœur, comme pour m'assurer que je ne rêve pas.

Madeleine !

Je me tourne vers Samuel :

— C'est ma sœur... Elle est là-bas... Elle dit que la guerre va finir, et que nous serons réunis.

Samuel me regarde, silencieux, avec un pauvre sourire. Je sais à quoi il pense, il n'y a pas besoin d'explications entre nous.

— Tu viendras avec moi, lui dis-je. Je ne te laisserai pas. Tu resteras toujours avec nous.

Pendant des heures, je rêve à ces révélations. Je ne savais à peu près rien de ce jeune homme épris de ma sœur. Je me souvenais seulement qu'elle avait parlé, quand j'étais encore à la maison, de ce garçon qui l'invitait au cinéma.

Hélas ! Le chagrin se mêle à l'espérance. Pauvre Madeleine ! Nous serons réunis, dit-elle. Peut-être. Mais tous ne répondront pas à l'appel... Elle sait que le reste de notre famille a été emmené, mais se rend-elle compte que nous n'avons aucune chance de les revoir ?

Parce que, hélas, j'en suis convaincu, moi... Il est évident que, si on les a emmenés, ce n'est certainement pas pour les ramener un an plus tard ! Nous ne les reverrons jamais. Il faut se persuader de cela, s'y habituer. On a sans doute déjà tué nos familles, on veut nous tuer tous, et nous ne comprenons pas pourquoi, car nous n'avons rien fait de mal.

Je pense à maman. Comme elle a dû souffrir, en pensant qu'elle partait en me laissant tout seul à l'hôpital sans pouvoir me faire un signe ni m'envoyer un dernier message... Où sont-ils tous, maintenant ?

Je relis la lettre. Je m'y accroche comme un noyé à une planche. C'est comme un tout petit fanal, tremblant, incertain, qui vient de s'allumer au loin dans la nuit et le brouillard...

*

Début 1944

Des grondements lointains retentissent dans l'immense ciel nocturne, par-delà la haute fenêtre. Un concert énorme qui semble faire trembler l'univers. Dans la chambrée obscure, où brille une minuscule lumière bleue en guise de veilleuse, vingt paires d'oreilles écoutent, vingt paires d'yeux brillants sont ouvertes dans le noir.

Les Alliés, se préparant à l'invasion, ont commencé à bombarder le territoire français. M. Charles nous a expliqué pourquoi. Il s'agit de paralyser l'armée allemande, de la priver des aéroports, des voies ferrées, des usines dont elle a besoin pour soutenir l'assaut. Les malheureux Français occupés payent un lourd tribut à cette entreprise ; c'est pourtant indispensable.

Grondements parfois plus proches, terrifiants quand on les sent plonger à la verticale. Un tonnerre mécanique déchaîné par des moteurs à l'irrésistible puissance. Et puis d'énormes explosions. Pas toutes proches, certes, mais enfin pas très lointaines. Et aussitôt, en riposte, le *tacatacatac* de la DCA allemande.

Dans la chambrée, deux enfants pleurent – les plus petits d'entre nous.

Mlle Angéline surgit à la porte.

— Personne n'essaie de bouger ! Ce n'est pas par ici. Vous ne risquez rien.

Elle s'approche des gamins en larmes :

— Allons, allons... Mouchez-vous, restez tranquilles. Je vous dis que ce n'est pas ici. Ils visent des voies ferrées...

Elle ne semble pas elle-même très convaincue de ce qu'elle affirme. De toute façon, Riquet nous a expliqué comment ça se passe :

— Les Rosbifs et les Ricains, vous comprenez, ils n'ont pas envie de faire tuer leurs aviateurs comme dans un tir aux pigeons ! Alors ils bombardent d'assez haut. Et du coup, ça tombe pas toujours pile où il faudrait...

L'effrayant carrousel aérien continue dans l'immense nuit qui recouvre Paris et ses banlieues. Tacatac... Braoum ! Un feu d'artifice. Un drôle de 14 Juillet... Mais comme dit encore Riquet :

— Y'a pas à tortiller : il faut y passer, si on veut dégommer les Vert-de-gris...

Braoum ! Encore une déflagration, plus proche. On a eu l'impression que les murs tremblaient. Les pleurs reprennent de plus belle.

Une autre silhouette s'encadre dans la porte : celle de l'aumônier.

— Mes enfants... Nous allons demander à la Vierge Marie d'épargner les innocents...

Les plus petits braillent comme des perdus. À côté de moi, je vois Lucien tout pâle, la lèvre tremblante. Mlle Angéline se tourne vers le prêtre, en haussant les épaules :

— Oh, vous et vos prières !... Pendant ce temps, votre pape, il fait des mamours aux Allemands.

Le prêtre sursaute :

— Madame, lâche-t-il d'une voix tremblante, je prie pour le Très Saint-Père dont la tâche n'est certes pas facile. Et la Sainte Vierge protégera les innocents et les justes !

— Ouais... Eh ben elle ferait bien de se magner le train !

Elle se reprend, consciente d'y avoir été un peu fort :

— Pardon, monsieur l'abbé. Mais avouez, quand même, s'il y a un bon Dieu, qu'est-ce qu'il fait donc ? Depuis le temps qu'on en bave !

La prière commence. Une partie de la chambrée reprend en hésitant le « Je vous salue

Marie », tandis que deux déflagrations se font encore entendre au-dehors.

Je réfléchis. « Le bon Dieu ». « L'Éternel. » Mon père y croyait. Quand j'avais un père. Quand nous allions tous deux à la synagogue, et que je tenais fièrement sa main. C'était un homme pieux, comme son père à lui, comme son grand-père, comme tous les juifs qui depuis des millénaires conservaient leur foi et leur espérance.

Et c'était pour en arriver là ?

Alors, qu'on l'appelle l'Éternel ou le bon Dieu, je me dis qu'il doit avoir d'autres occupations...

Vers 5 heures du matin, les opérations militaires ont cessé. Nous n'aurons pas beaucoup dormi. Puis, vers 8 heures, le père Riquet est arrivé, tout guilleret sur sa patte folle :

— Mes enfants, les Fridolins s'en sont encore pris plein la figure ! Vous inquiétez pas, on voit le bout... Et M. Laval, il ferait bien de préparer ses valises !

*

— Eh bien maintenant, les enfants, nous allons terminer comme d'habitude...

C'est l'après-midi. Le bombardement de la nuit s'éloigne comme un cauchemar. La voix toujours aussi sucrée, minaudante, debout derrière son petit lutrin et ses partitions, Mlle Tournillet s'apprête à conclure la leçon de chant par l'hymne habituel. Elle ne se doute pas qu'aujourd'hui, il y a un complot.

Réussira-t-il ? Ou bien les meneurs vont-ils être les premiers à se dégonfler ?

Elle lève sa baguette :

— Un, deux, trois... *Maréchaaal... Nous voilàààà...*

Elle commence à battre la mesure. Seulement, cette fois-ci, aucun de nous n'entonne la chanson. Bouches closes. Visages impassibles.

— Eh bien ? Vous êtes tous endormis ? Allez ! Je reprends : *Maréchaaal... Nous voilàààà...*

Mais elle bat la mesure toute seule, de plus en plus interloquée, dans un grand silence. Nous retenons notre envie de rire. Vingt paires d'yeux brillants guettent ses réactions.

Et alors il y en a un – un petit, dix ans à peu près qui commence, de sa voix claire :

— *Allons enfants de la patri-i-e...*

Et peu à peu nous nous y mettons tous, le sourire jusqu'aux oreilles.

Mlle Tournillet ouvre de grands yeux, regardant de part et d'autre, un peu comme font les poules. Puis elle tape de sa baguette, à plusieurs reprises, sur le lutrin :

— Les enfants !... Les enfants...

Mais rien n'y fait. Et ça va crescendo, jusqu'au moment où toute la chambrée explose à pleine voix :

Aux armes, citoyens !
Formez vos bataillons !
Marchons, marchons...

Mlle Tournillet reste figée, un peu pâle, devant ce soudain camouflet infligé à son autorité. Chacun se demande ce qu'elle va dire. Enfin on en arrive à la fin du refrain. Le complot a réussi. Nous guettons la suite.

Elle regarde tout le monde, d'un côté, de l'autre.

Et là, grosse surprise. Mlle Tournillet se met à sourire, avec quelque effort :

— Bon. Si je comprends bien, vous préférez chanter celle-là, dit-elle, mielleuse. Eh bien, soit !

Mais subitement les sourcils se froncent :

— Seulement, c'est une véritable cacophonie ! Alors, puisque vous y tenez, on va recommencer, mais convenablement et en mesure, au lieu de crier comme des sauvages ! Un, deux, trois...

Alors, de bon cœur, nous reprenons l'hymne national, guidés par une Mlle Tournillet redevenue patriote... Ce jour-là, nous lui disons au revoir avec un peu plus de chaleur que d'habitude. Et elle, elle sourit d'un sourire que nous ne lui connaissions pas.

11

Désormais, nos conversations, avec Samuel, portent sur l'avenir.

Quand la guerre sera finie. Quand nous serons grands. Quand nous serons guéris. Quand nous serons riches…

D'instinct, dans nos rêves éveillés, nous voyons comme un seul et même événement la libération du pays et notre propre guérison. Ce sera le bout du tunnel, la fin de la souffrance. Un beau « jour de gloire » ensoleillé nous verra quitter l'hôpital tous les deux, la main dans la main.

Samuel a une grande idée : partir pour l'Amérique. Il a deux oncles qui sont établis à New York, dans le commerce de la bijouterie-joaillerie. Ils l'accueilleront, il travaillera avec eux au début. Mais son grand rêve, je ne sais pourquoi, c'est de créer un journal, un journal prestigieux, qu'on lira aussi en France. Quand les Américains auront gagné, pense-t-il, tout le monde parlera anglais.

Il tient compte de moi dans tous ses projets. Dès qu'il sera à New York, il m'enverra de l'argent pour que je le rejoigne en bateau.

Moi, je ne sais pas trop. J'ai d'autres desseins, qui me retiennent en France, mais je ne peux pas en parler à Samuel pour le moment. Mon idée, c'est que j'épouserai peut-être la petite Denise, la sœur de Lucien. L'avant-dernière fois qu'elle est venue à l'hôpital avec ses parents, j'ai réussi à lui glisser discrètement une lettre. Et la fois suivante, elle m'a apporté sa réponse. Je ne voulais pas qu'elle l'envoie par la poste : au moment de la distribution, on l'aurait remarqué...

Et puis, par moments, je me prends à rêver que, peut-être, quand même, ma famille aura été sauvée. Je me raconte parfois cette histoire avec délices. Nous nous retrouverons rue Feutrier. Moi, j'aurai gagné de l'argent (ma rêverie ne précise pas de quelle façon ; mais peu importe), et je déciderai de les aider et de les loger mieux. J'organiserai tout. Ils auront, grâce à moi, ce que leur existence de labeur leur a toujours refusé, le confort, le bien-être. Une vie paisible à l'abri des tracas.

De nouveau il y aura la synagogue et les jours de fête. Nous pourrons revivre dans notre quartier, faire ce que bon nous semble sans devoir baisser la tête. La boulangère qui me refusait le pain et l'épicier Bretonneau qui ne faisait plus crédit, devenus humbles et obséquieux, le regretteront amèrement.

Je retrouverai l'auteur du coup de pied. Il aura honte. Peut-être déciderai-je, magnanime, de lui pardonner. Oui, c'est cela. Je serai chevaleresque.

Quand la guerre sera finie. Quand nous serons grands. Quand nous serons guéris. Quand nous serons riches...

Je m'exalte... Je caracole déjà dans cet avenir heureux... Et puis soudain je retombe, je suis à l'hôpital, rien ne change, et mes trop beaux rêves me donnent envie de pleurer.

*

Printemps 1944

Ce jeudi-là, à l'heure où chaque semaine M. Charles fait son apparition pour l'« école » hebdomadaire, c'est le docteur Daviel en personne qui est venu, accompagné de Véronique.

Ce n'est pas la Véronique coquette et élégante que nous connaissons, mais une Véronique vêtue de la blouse blanche des infirmières, avec la coiffe réglementaire sur les cheveux. Une Véronique au visage tendu, aux sourcils froncés, à l'air triste. Que se passe-t-il ?

À la porte de la chambre, il y a le père Riquet, son balai à la main, qui n'en perd pas une miette.

Pressé, comme il l'est toujours, le docteur Daviel prend brièvement la parole :

— Les enfants, à partir de maintenant, Mlle Béraud travaillera dans cet hôpital. En particulier pour le service de nuit. Euh… Voilà, c'est tout.

Il tourne les talons, s'éloigne à pas rapides.

Une fois de plus, c'est Marcel qui monte au créneau :

— Et M. Charles, il ne vient pas, aujourd'hui ?

— Non… Il ne viendra pas…

La réponse a jailli très vite, à mi-voix. Cependant, Riquet s'est avancé, traînant son balai ; il regarde Véronique, l'air compatissant.

— Ma pauvre petite…

Elle est à l'évidence au bord des larmes. Le silence devient pesant.

— Et pourquoi il ne viendra pas, M. Charles ?

Cette fois-ci, c'est Lucien qui s'est lancé, comme s'il exprimait toute l'impatience de la chambrée. Du coup, Riquet et Véronique se regardent, mal à l'aise.

— Vous pouvez bien nous le dire ! s'exclame alors Marcel. On n'est pas des bébés…

Nous faisons chorus. Nous grandissons, nous avons envie de savoir ce qui se passe. Nous voudrions qu'ils nous fassent suffisamment confiance pour nous dire la vérité.

Enfin le père Riquet hoche la tête, puis se décide :

— Eh ben, votre M. Charles, ils l'ont arrêté, voilà.

— Qu'est-ce qu'il avait fait ?

— Ah, ça… Ce qu'il avait fait… Il ne le racontait pas à tout le monde !…

À nouveau le silence. Véronique regarde par terre. Ça devient pesant. Riquet semble hésiter. Et d'un seul coup il change de visage, redresse la tête :

— Oh, et puis zut ! Y'a des patriotes, ici ?

Stupeur.

— Eh bien, répondez ! Vous êtes des patriotes ?

Quelques voix dispersées annoncent que oui. Alors Riquet ne se tient plus, il explose :

— Bon ! Eh bien, M. Charles aussi, c'est un patriote, et un vrai. Et c'est pour ça qu'ils l'ont embarqué. Y en a marre de les voir par là, les rats gris ! Les vrais Français, maintenant, ils se battent ! Et puis Mlle Béraud, là, c'est une vraie Française aussi, et comme maintenant ils la recherchent, eh bien nous, on va la protéger. Ici. Parce qu'on est des hommes d'honneur, nous autres, et qu'on laisse pas une femme dans le danger. D'accord ?

Des « d'accord » surgissent, des yeux brillants approuvent.

Seul Lucien a hésité à partager l'enthousiasme général.

— Mes parents, ils disent que les résistants c'est des terroristes... Des étrangers... À cause d'eux, les Allemands tuent des innocents !

Une clameur accueille cette remarque. Des voix fusent :

— Et alors ? Tu trouves que c'est bien, toi, de tuer des innocents ?

— Les Allemands, ils n'ont qu'à rentrer chez eux ! On les a assez vus !

Même le grand Luc s'y met, surexcité. Il clopine sur ses béquilles jusqu'au lit de Lucien :

— Et d'ailleurs, si tu parles de Mlle Béraud et de M. Charles à tes parents, nous, on t'étouffe sous ton traversin, on te trouvera mort, et personne ne saura pourquoi !

Alors Lucien a redressé la tête :

— Dis donc, toi ! Tu crois que je suis un traître et que je dénonce ? Comptez sur moi, les gars. Je ne dirai rien.

Moment inoubliable. Une vingtaine de petits malheureux cloués à leurs lits par la maladie se sont faits les protecteurs de Véronique, qui s'essuie les yeux. Et personne ne saura jamais que, dans une chambre au premier étage de l'hôpital de Garches, vient presque de se créer un réseau de résistance...

*

Et c'est à partir de ce moment-là que le dégel a commencé.

Quelque chose se passe enfin ; ça craque de partout. Et nous le sentons. Même dans cette chambrée de gamins d'un hôpital de banlieue, l'atmosphère n'est plus la même. Désormais, les nouvelles circulent et les bouches s'ouvrent.

Pourtant ils sont toujours là, les « rats gris », les « Fridolins », comme dit le père Riquet. Et la nuit, ça continue, le grondement des avions dans le ciel, les tac-tac-tac de DCA, les déflagrations.

Et on ne mange certes pas mieux. Et nos douleurs continuent. Il y a toujours les ponctions, les médicaments infects à avaler coûte que coûte, même s'ils soulèvent le cœur. Et les mauvaises nouvelles, la méningite qui a repris son sale travail et nous menace à chaque instant...

Mais tout s'illumine peu à peu à mesure qu'on s'achemine vers les beaux jours. Cela vient jusqu'à nous sans qu'on sache comment, on dirait que cela passe à travers la fenêtre, par le couloir, sous les portes. Un pays harassé, saturé de privations et de crimes, cesse peu à peu de se soumettre, regimbe, envoie tout promener. Avec son intervention en faveur de Véronique, le père Riquet a fait sauter une barrière : jusque-là, on ne nous disait rien, on nous maintenait à l'écart dans nos misères et nos maladies ; à présent on nous parle, Mlle Angéline apporte le journal. Nous commentons les nouvelles.

Véronique souffre, mais elle s'efforce de sourire vaillamment. Et c'est terrible de penser à « son amoureux », à notre instituteur disparu, embarqué, mort peut-être... Ce type qui s'est décarcassé semaine après semaine pour donner un peu de compagnie et de savoir à vingt gosses cloués au lit ou suspendus à leurs béquilles, et qui n'a pas hésité à distribuer de petits journaux contre l'occupant, à participer à des sabotages... Qu'en ont-ils fait, ces salauds ?

Et pourtant, on sent que la fin de la nuit s'approche.

Un matin, enfin, nous sommes réveillés sans ménagement par le père Riquet, qui surgit à la porte un pouce devant la bouche, mimant la trompette du matin sur l'air de « Soldat, lève-toi... » :

— Tata talala tata talala tata tralalè-ère !

Des yeux ensommeillés s'entrouvrent, des bouches s'arrondissent sur des bâillements, mais ce n'est pas le moment de grogner :

— Ça y est, nom d'une pipe ! Ça y est ! Ils ont débarqué ! On se bat en Normandie ! Les Alliés sont en France !

Des questions jaillissent. On veut tout savoir. Bientôt, nous entendons dans le couloir des voix qui commentent l'événement. Le grand Luc s'empare de ses cannes et trotte jusqu'à l'éphéméride, dont il arrache un feuillet.

La date du 6 juin apparaît. Le père Riquet ne se lasse pas de répéter la nouvelle.

— Ils sont là, les petits gars ! Ils sont là !

On dirait presque qu'il a bu un petit coup de trop. Mlle Angéline vient d'entrer. Il lui prend la main et la taille, l'entraînant dans une danse incertaine :

— *La Madelon va nous servir à boire...*

Elle rouspète, se dégage, mais un sourire se dessine sur sa figure.

Durant les jours suivants, il n'y a plus que cela qui compte. Nous entendons parler des maquis du Vercors, des trains et des ponts qui sautent ici et là, de l'ennemi harcelé par tous les moyens. Des soldats alliés ont également débarqué à Toulon ; ils remontent maintenant la vallée du Rhône.

Les bombardements sont terribles. Des villages, des villes sont écrasés. En Normandie, les Schleus tiennent bon. C'est vraiment le diable. Mais ils ne pourront que lâcher, tôt ou tard...

Leclerc, de Lattre, de Gaulle, Eisenhower : ces noms montent dans le ciel d'été comme de nouveaux astres. La grande épopée se déroule maintenant à moins de deux cents kilomètres de Paris.

Mais, pour Samuel et moi, la joie est endeuillée d'un même regret, que nous n'avons pas besoin d'exprimer pour le partager. Nos familles ne sont pas là pour voir ça, pour savourer le bonheur de la délivrance. Elles n'y seront peut-être plus jamais.

*

Et puis nous avons reçu une visite tout à fait imprévue, qui m'a rappelé l'histoire de la colombe et du rameau d'olivier après le Déluge, telle qu'on me l'avait racontée à la synagogue.

C'est un après-midi comme les autres. Le beau temps a permis d'ouvrir en grand la fenêtre de la chambre ; les frondaisons, au-dehors, toutes dorées de lumière, donnent des envies de jeux dans le parc, de promenades, de campagne, de tout ce que la maladie nous interdit. C'est beau et un peu mélancolique.

Samuel fait la sieste. Lucien dispute à mi-voix une partie de cartes avec son voisin. Je les entends de temps à autre qui pouffent de rire ou s'exclament. Moi, je suis bien loin de là, plongé dans un roman de Jules Verne. Et c'est à ce moment que la porte s'ouvre, laissant apparaître Véronique, accompagnée d'un personnage comme on n'en a jamais vu ici.

C'est un soldat, la veste d'uniforme jetée sur les épaules. Son bras en écharpe ne lui permet pas d'enfiler les manches. Il est de petite taille, les cheveux noirs et drus, et a le teint hâlé des Nord-Africains.

— Voilà, lui dit Véronique. Vous pouvez entrer...

La partie de cartes s'est interrompue. Samuel a rouvert les yeux ; moi, j'ai laissé tomber le livre sur ma couverture. L'homme s'avance doucement, comme intimidé par tous ces regards juvéniles qui se braquent sur lui avec étonnement et curiosité.

— Voilà quelqu'un qui souhaitait vous rendre visite, explique Véronique. Il a demandé s'il y avait des enfants hospitalisés, alors je l'ai amené ici...

Il approuve de la tête. À son tour, il prend la parole :

— Bonjour, les enfants. Je voulais vous dire... Nous sommes arrivés. Vous ne verrez plus les Allemands. Ils sont en train de quitter Paris. La guerre sera bientôt finie.

Il marque une pause, puis ajoute :

— Moi, je viens du Maroc... Je m'appelle Tahar. Je suis fier de m'être battu avec la France libre et ses alliés.

— Eh bien ! s'exclame Véronique. Au lieu de rester là, figés, on pourrait peut-être dire merci ?

Des applaudissements éclatent, on entend des « Bravo ! » Puis le soldat Tahar commence à faire la tournée des lits, serrant la main à chacun. Comment s'est-il retrouvé là ? Je ne l'ai jamais su. Pourquoi a-t-il tenu à venir saluer des enfants ? Il ne nous le dit pas non plus. C'est ainsi.

Nous apprenons que, depuis le matin, les Américains ont pris possession de l'hôpital. Ils y installent des blessés. En échange, ils ont déjà commencé d'apporter des médicaments, des équipements, de la nourriture, tout ce qui a si cruellement manqué. L'Amérique est riche, puissante, elle a tout ce qu'il faut !

L'atmosphère des journées suivantes est joyeuse. L'hôpital bruit d'une activité inaccoutumée. Nous nous sentons rassérénés, protégés. Tous ces soldats, passés au travers du rideau de feu allemand, sont comme autant de grands frères solides, amicaux, prêts à répondre à tous les besoins.

Et puis ils ne se sont pas arrêtés à Paris ; déjà ils foncent vers l'est, cependant que les troupes débarquées dans le Midi se hâtent de remonter en direction de l'Alsace, où la jonction se fera bientôt... De là, ils envahiront l'Allemagne et s'y enfonceront jusqu'à atteindre et détruire le Reich et son chef fou.

Oui, tout cela est merveilleux... Mais Samuel et moi n'osons même pas reparler de nos familles. Inextricablement mêlés, l'espoir et l'angoisse nous ferment la bouche. Nous y pensons... Nous ne pensons même qu'à ça... Mais c'est comme une superstition : il ne faut pas en parler. C'est trop douloureux.

Quelque chose m'avertit toujours et encore, au fond de moi, qu'il ne faut pas espérer. Oui, la guerre va finir, mais plus rien ne sera comme avant.

Il ne faut pas espérer. C'est trop cruel !

Mes rêves nocturnes ont changé de tonalité. Je ne m'y vois plus, désormais, transporté pendant la nuit je ne sais où, allongé dans un wagon de train ou une ambulance. Je suis debout, au contraire, et il fait jour. Je marche dans des rues que je ne connais pas. Il y a du monde, beaucoup de monde, toute une foule. Des soldats qui défilent et saluent amicalement, des filles qui chantent, des gens qui s'embrassent ou qui dansent. Je cherche ma famille. Quelqu'un m'a dit qu'ils étaient peut-être quelque part dans cette ville, mais où les trouver ? Jamais je n'obtiens la bonne adresse. Je marche, je marche, inlassablement, ma jambe à nouveau me fait mal, comme dans les premiers jours du coup de pied. Je m'épuise... Et je me réveille, abasourdi, sur mon lit d'hôpital.

J'ai écrit à ma sœur Madeleine, à Limoges.

Mais je n'ai pas reçu de réponse. Elle avait pourtant promis de venir me retrouver dès que possible. Tout ce que j'ai eu, c'est ce terrible « N'habite plus à l'adresse indiquée ». Et, maintenant, les Allemands sont partis. Alors ?... Que s'est-il passé ? Il me faudra encore de longs mois avant de le savoir.

*

Trois ou quatre jours après la visite du soldat marocain, Véronique paraît, en compagnie de Mlle Angéline et du père Riquet :

— Charles est revenu ! nous annonce-t-elle.

Elle pleure de joie.

— Il a promis de venir vous voir bientôt...

Elle entreprend de tout nous expliquer. Maintenant, on peut vraiment tout dire, il n'y a plus à se méfier de rien ni de personne.

M. Charles est juif, il s'appelle en réalité Charles Süskin. Il est également communiste. À la différence de nombreux juifs, qui, hélas, demeuraient persuadés qu'une telle abomination ne pourrait pas avoir lieu en France, il a compris parmi les premiers que le port de l'étoile jaune était le point de départ d'une politique d'extermination. Il a décidé qu'il ne la porterait pas. Il a été recruté sous le nom de M. Charles dans une école privée d'un quartier où personne ne le connaissait, grâce à la complicité du directeur.

Arrêté en possession d'une centaine d'exemplaires d'un petit journal de résistance, il a été interrogé et torturé par les collabos de la rue Lauriston, avant d'être transféré à Fresnes où il attendait d'être fusillé. Là, un réseau résistant, qui avait réussi à obtenir la complicité de certains gardiens, l'a fait évader avec trois autres prisonniers. Ils se sont cachés dans un village de Seine-et-Marne avant de revenir participer à l'insurrection de Paris.

La joie de Véronique fait plaisir à voir. Charles est un héros. Son héros. Et, qui plus est, un héros vivant... Et moi, je suis heureux pour elle, car je sais combien elle a redouté sa mort, mais une autre pensée me poursuit depuis la veille.

C'est quelque chose que j'ai lu dans un journal. Un article assez bref. On ne sait pas encore grand-chose. Je m'en ouvre à elle, alors qu'elle est venue s'asseoir quelques instants au bord de mon lit :

— C'est vrai qu'ils ont emmené les juifs dans des camps ?

Elle soupire.

— Malheureusement, je n'en sais pas beaucoup plus que toi, mon pauvre petit... Il paraît qu'ils ont découvert un de ces camps en Alsace, au Struthof... On s'occupe maintenant de soigner tous ces pauvres gens et de les rendre à leurs familles.

— Les soigner ? Mais pourquoi ? Qu'est-ce qu'ils leur ont fait ?

— Je ne sais pas... En tout cas ils mouraient de faim, puis beaucoup d'entre eux sont tombés malades, il y a eu le typhus...

Brusquement je me tourne sur le côté, la tête dans l'oreiller.

J'ai l'impression que Véronique n'ose pas tout me dire.

Mais je ne suis pas tout à fait sûr d'avoir envie de le savoir.

12

Grande nouvelle ! Plusieurs d'entre nous vont être soignés par les Américains, qui disposent d'un traitement nouveau et même « révolutionnaire », paraît-il.

Car la France a beau être libérée, la maladie et la souffrance, elles, sévissent toujours. Régulièrement, les plâtres sont changés, mais régulièrement aussi on découvre des escarres, des abcès, rendant nécessaires de nouvelles ponctions. Cette tuberculose des os, dont nous sommes plusieurs ici à souffrir, poursuit ses ravages, lentement, implacablement.

Or, hier matin, le docteur Daviel a surgi dans la chambrée accompagné d'un jeune et fringant militaire américain, qu'il nous a présenté comme médecin.

— Notre ennemie, lui expliquait-il, c'est cette infection. Nous arrivons plus ou moins à la retarder... Mais quand elle décide de s'étendre, nous ne pouvons plus rien faire...

L'Américain approuvait, d'un air légèrement supérieur :

— Nous allons intervenir… Nous avons testé un nouveau produit dont les résultats sont, hum… *wonderful*…

— Formidables ?

— Oui. Vous devrez m'indiquer les enfants les plus gravement atteints…

Nous le regardions avec admiration, étonnés par son fort accent, fascinés par sa prestance et sa certitude de pouvoir opérer des prodiges. Et, ce matin, c'est l'inspection.

Le docteur Daviel reste évidemment seul juge à décider lesquels de ses petits patients « méritent » le traitement miracle venu d'outre-Atlantique. Le produit est rare et coûteux : trois ou quatre d'entre nous, pas davantage, pourront y avoir droit. Ceux qui ne sont pas trop atteints devront patienter. Et ni le docteur Daviel ni Mlle Angéline n'en disent davantage, mais nous devinons bien que, pour certains, il sera peut-être trop tard…

Ils sont arrivés tous les deux, l'Américain et lui, accompagnés des internes.

Lit après lit, le verdict tombe : oui au traitement pour celui-ci… Non pour celui-là. Enfin, c'est mon tour. Mon cœur bat. Que vont-ils décider ? Deux ans et demi se sont écoulés depuis ce fameux coup de pied. Deux ans et demi de souffrances, de solitude, de patience…

Le docteur, comme à son ordinaire, me regarde à peine. Il consulte mon dossier, scrute les dernières radios à la lumière du jour :

— Grosman... Oui. Oui, je pense que le traitement sera utile.

Une vague de joie m'emporte. C'est terrible à avouer, mais, à cet instant, le sort de mes camarades moins chanceux ne me préoccupe guère. Je vais être soulagé, qui sait, bientôt guéri, peut-être... Je pourrai marcher, sortir enfin d'ici... L'interne note mon nom sur sa feuille.

Déjà ils sont passés à Samuel. Et c'est alors que le couperet tombe :

— Non... Tout compte fait, Grosman peut s'en tirer tout seul, il a une bonne constitution. Rayez-le et inscrivez celui-ci à sa place.

L'interne s'exécute. Ils passent au lit suivant. Ils ne m'ont pas même accordé un regard.

Je me tourne vers Samuel. Il me regarde avec une immense gentillesse. Il a un vague geste des deux mains, comme pour me dire : Mon pauvre vieux... Je n'y peux rien. C'est comme ça.

Oui, c'est comme ça. Et je ne vais quand même pas me plaindre parce que mon copain a plus de chance ? Moi, je suis plus robuste, ont-ils dit. Et si l'on me mentait ? S'il était trop tard pour moi ?

*

— Nom de Dieu de nom de Dieu !

Le docteur Daviel n'a pas pu retenir cette exclamation bien peu compatible avec la solennité et la sérénité médicales.

Tout le monde le regarde. Il est blême, littéralement blême. Nous ne l'avons jamais vu ainsi.

Derrière lui, Mlle Angéline, parfaitement épouvantée, ne sait manifestement plus que dire ni que faire.

Une fois de plus, sans un regard ni un mot à notre adresse, il retraverse la chambre au pas de charge et disparaît dans le couloir.

À côté de moi, Samuel, les yeux cernés, grelotte de fièvre. Il n'a plus même le courage de dire un mot. Il a vomi plusieurs fois, quoique ayant l'estomac vide, en râlant de douleur. Les deux autres bénéficiaires du « traitement miracle » sont dans le même état.

Nous avons assisté à l'administration de ce fameux médicament, il y a trois ou quatre jours à présent. Nous avons vu arriver dans la salle un volumineux appareil posé sur une table à roulettes. Au bout d'un tuyau sortant de la machine se trouvait une sorte de seringue, au moyen de laquelle fut pratiquée une première injection.

Même opération le lendemain. Douloureuse, semble-t-il. Les bénéficiaires poussaient des gémissements, suppliaient qu'on arrête.

— Courage, les enfants ! C'est pour votre bien...

C'est au troisième jour que sont apparus les malaises. Forte fièvre, nausées, migraines. Et maintenant, l'inquiétude, voire l'affolement du docteur Daviel sont évidents.

Quant à l'Américain, on ne le voit plus.

Comme d'habitude, on ne nous dit rien. Et je retrouve ce sentiment insupportable : si même les adultes qui s'occupent de nous prennent peur, que va-t-il donc arriver ?

Le grand Luc est allé à la pêche aux informations. Il croit savoir que tous ceux qui ont subi les injections sont malades. L'angoisse s'installe. Il n'y a rien à faire. Nous attendons de nouveaux événements.

Je n'oublierai jamais le lendemain.

Il doit être à peu près 8 heures, ce matin-là, lorsqu'un bruit de pas, le heurt d'un objet contre mon lit, me tirent du sommeil. Dehors, il fait déjà jour. Je me frotte les yeux, je regarde ce qui se passe.

Et ce qui se passe me donne envie de hurler.

Le père Riquet et un infirmier sont en train d'apporter les paravents.

Les fameux paravents. Depuis la petite victime de la méningite, je sais ce que cela veut dire.

Et c'est autour du lit de Samuel qu'ils sont en train de les installer.

*

Je me redresse brutalement sur mon lit, indifférent à la douleur que m'inflige ce mouvement trop brusque. Oh non… Non…

Et pourtant si. J'ai à peine le temps de jeter un dernier regard sur mon ami, qui paraît inconscient. Et ça y est. Les paravents sont posés. Et Samuel est maintenant caché derrière eux. Seul.

Tout en moi se révulse, se cabre. Ce n'est pas possible ! C'est peut-être seulement pour qu'il se repose mieux ? J'essaie vaguement de me raccrocher à cet espoir. Mais je n'y crois pas. Pas un instant.

Je sens les pleurs monter en moi. Je halète. Je ne veux pas ! Je ne veux pas !

Avant de repartir, Riquet me regarde, baisse les yeux, puis il marmonne quelque chose du genre « mon pauvre petit... ». Après quoi il s'en va en secouant la tête, comme si tous les mots étaient inutiles.

Ils le sont. Je reste là, hébété. Aujourd'hui, si longtemps après, je cherche à me souvenir de ce que j'ai ressenti à cet instant-là. Impossible de l'exprimer. Je ne trouve plus dans ma mémoire qu'un écran blanc, blanc sale comme ces paravents jaunis par la lumière. Et un désastre abominable.

Samuel. Samuel qui a eu droit, lui, au traitement miracle de l'Américain – Samuel est en train d'en mourir ! Et moi qui n'y ai pas eu droit, parce que, paraît-il, j'étais assez costaud pour m'en passer, je suis vivant.

Le grand Luc a disparu longuement. À son retour, il nous a expliqué que tous ceux qui avaient été traités suivant la méthode de l'Américain étaient en train d'y passer.

— Tous ! Ils y passent tous !

Il ricane presque. Il y a une drôle de lueur dans son regard. On dirait un diable. J'ai l'impression qu'il devient fou. À force d'être témoin de toutes ces misères et toutes ces horreurs, il est en train de perdre la raison.

Heures atroces. Mlle Angéline, voyant dans quel état j'étais, m'a administré un comprimé. J'ai dormi une partie de l'après-midi, d'un sommeil pénible, agité, troublé de rêves hideux.

Lorsque vers le soir je me réveille, mon premier regard est pour le lit de Samuel.

Il n'y a plus de paravents. Il n'y a plus personne. Rien que le matelas nu, avec deux draps et une couverture soigneusement pliés.

On a dû emmener Samuel, tout doucement, tandis que je dormais.

C'est trop. Le chagrin, la révolte, le désespoir montent, m'étouffent, m'envahissent. Je saisis mon oreiller, j'y enfonce mes ongles, je voudrais hurler, je voudrais être mort à l'instant. Je gémis non, non, non, mais le temps ne revient pas en arrière, mais rien ne change, Samuel est parti, Samuel est mort.

Je n'ai jamais su au juste ce qui était arrivé, qu'est-ce qui clochait dans l'invention de l'Américain. Tout ce que je vois, durant les heures suivantes, c'est la consternation des médecins et des infirmières devant ce désastre. Tout ce que je sais, c'est que j'ai perdu Samuel...

Samuel ! Samuel avec qui nous devions nous retrouver, quand nous serions guéris, quand la guerre serait terminée, quand nous serions grands, quand nous serions libres ! Samuel que je devais rejoindre en Amérique ! Samuel, mon frère d'adoption, qui avait remplacé pour moi mon petit frère Simon !

Tous nos beaux rêves... Détruits, anéantis. Ravagés. Tout ça parce qu'il a eu droit au « traitement miracle ».

Et moi, je suis vivant parce qu'on me l'a refusé.

Et il y aura bien encore quelqu'un pour venir me dire que j'ai eu de la chance.

De la chance. Drôle de chance.

13

Samuel a été enterré cet après-midi, dans le cimetière de Garches. Je n'étais évidemment pas en état d'y aller. Mlle Angéline, ainsi que quelques autres infirmières, et Véronique, l'ont accompagné.

Je n'ai jamais vu d'enterrement. À leur retour, je veux tout savoir :

— Comment on fait ? On le met dans un trou, comme ça ?

— Qu'est-ce que tu racontes, grommelle Mlle Angéline. Il y a un cercueil.

Il n'y a pas eu de rabbin, bien sûr, et personne n'a dit la prière des morts. Juste un pauvre cercueil, dans une fosse signalée par un numéro.

Aujourd'hui, plus de soixante ans après, je songe à ce pauvre gosse, mon semblable, qui n'aura jamais revu les siens. Pauvre Samuel, pauvre petite vie. Je ne suis même pas sûr qu'on retrouverait la moindre trace de sa sépulture. Si quelque parent plus ou moins lointain ne s'en est pas préoccupé, il est à craindre qu'il ne reste de lui qu'un nom dans un registre, de même qu'il ne subsiste de sa famille que des noms et des numéros gravés sur quelque mémorial. J'ai bien souvent repensé à lui, avec une espèce de culpabilité qui ne m'a jamais quitté, qui encore aujourd'hui me blesse et me hante ; pourquoi lui plutôt que moi ? Et ce sera ainsi, je le sais, jusqu'à la fin de mon existence.

Pendant des jours ou des semaines, je demeure sous le choc de sa disparition, et insensible à tout. Parmi le personnel de l'hôpital, cette catastrophe a provoqué la consternation. L'atmosphère est pesante. On n'en parle plus, mais l'épouvante, la culpabilité générales sont palpables. Moi, je suis dans une brume. Je reste inerte, des heures durant, les yeux errant au plafond ; je ne pense à rien. Je n'attends plus rien.

Le père Riquet, bravement, tâche de nous divertir, nous sert ses plaisanteries et ses blagues habituelles, mais on sent que le cœur n'y est pas. Moi, je souris vaille que vaille, histoire de lui faire plaisir. Lorsqu'on nous apporte le plateau du repas, je dis merci, poliment, je me force à manger un peu, afin d'éviter les remontrances et les encouragements. Lorsque je dois me soumettre à quelque corvée d'hygiène ou de soins, je me laisse faire, indifférent.

Véronique se montre attentive et tendre. Elle me câline un peu. Cela fait du bien. Mais, en même temps, comment dire ? Je n'y crois pas. Ou plus. Sa gentillesse, sa tendresse ne servent à rien. Je sais maintenant que je suis seul. Que je serai toujours seul. Qu'on est toujours seul. Sans rien à réclamer à personne, sans rien à reprocher à personne.

La vie est ainsi faite, et il va falloir s'en accommoder. Car, à présent, une certitude s'est fait jour en moi : je ne vais pas mourir. Comment cette certitude s'est-elle imposée ? Je n'en sais rien. Elle est un peu du même ordre que lorsque j'ai senti que je ne retrouverais pas les miens. Il y a des choses que l'on sait, à un moment donné. Sans preuves. Mais on sait.

Je ne vais pas mourir. Si cela avait dû avoir lieu, ce se serait déjà produit. J'aurais disparu avec ma famille, ou bien je serais mort des suites de ma fracture. Ou bien de désespoir. Ou du traitement miracle américain. Maintenant, il est trop tard, je le sais, j'en suis sûr : je ne vais *même pas* mourir.

*

20 mars 1945 : j'ai quinze ans.

Cet anniversaire-là est fêté, une fois encore grâce au dévouement de Véronique. Après les semaines durant lesquelles elle a vécu cachée à l'hôpital, elle a repris son activité d'assistante sociale. Elle vient me voir souvent. Et, malgré moi, je trouve quand même du réconfort dans son affection. Je me laisse aller à la douceur de sa présence. Elle représente un peu cette grande sœur qui est tout ce qui me reste, et dont, hélas, je n'ai pas de nouvelles, mais dont j'espère tout de même encore la venue.

La semaine dernière, elle m'a demandé quel cadeau me ferait plaisir. J'ai réfléchi, puis j'ai répondu :

— Je voudrais manger des tomates.

Cela l'a fait rire.

— Des tomates ? Vraiment ? Bon, eh bien j'essaierai de te trouver ça...

C'était incongru, mais cela m'est venu subitement, je ne sais pas pourquoi. Je pensais à ces beaux fruits rouges qui ne figuraient jamais aux menus navrants de l'hôpital. Ce n'était pas facile à trouver dans Paris, encore fortement rationné, mais elle s'est débrouillée, et j'ai eu mes tomates – trois belles tomates rondes et juteuses, que j'ai savourées une par une, les trois soirs suivants, sans penser à rien d'autre.

Mon anniversaire a également donné lieu à un goûter, dont toute la chambrée a profité, et qui nous a semblé le festin des dieux, quoiqu'il ne se composât que de tarte aux pommes faite maison et de bouteilles de limonade.

J'ai reçu un livre, aussi, que m'a offert Charles : *Les Trappeurs de l'Arkansas*, par Gustave Aymard.

Le père Riquet est venu participer à nos agapes, muni de deux bouteilles de vin mousseux qu'il a « sablées », comme il dit, avec Véronique, Charles et Mlle Angéline. J'ai eu le droit d'y tremper le bec, mais ça ne me disait rien. C'est en levant leurs verres que Charles et

Véronique nous ont annoncé la nouvelle de leurs prochaines fiançailles.

Nous applaudissons. Véronique rayonne de bonheur.

Nous interrogeons passionnément Charles sur ce que ses amis et lui ont fait contre l'occupant : organisation d'une filière vers l'Espagne pour des familles juives ayant réussi à se cacher, édition de journaux clandestins, transport d'armes en vue de l'insurrection de Paris... Nous sommes impressionnés. Dire que pendant tout ce temps il est venu, jeudi après jeudi, nous dispenser ses cours de rattrapage scolaire, comme si de rien n'était...

En fait, Charles ne semble guère avoir envie d'évoquer tout cela ; il élude, il semble pressé de passer à autre chose ; c'est Véronique, admirative, qui en parle le plus volontiers. De même, lorsque Marcel s'est hasardé à lui demander ce que la Gestapo lui avait fait, son visage s'est fermé :

— Ce n'était pas la Gestapo, c'étaient des Français, a-t-il répondu. Et, au fond, c'est ça qui a été le plus dur...

Il n'en a pas dit plus, mais nous voyions bien les cicatrices qui marquaient encore ses mains et son visage.

Avec un peu de tristesse, Véronique nous raconte ce qu'il est advenu de son frère. Militant de la collaboration, il a été arrêté. Charles, étant donné ses états de service dans la Résistance, est maintenant un homme respecté. Il s'est arrangé pour lui épargner la prison et éventuellement une exécution vite expédiée. On lui a recommandé de quitter Paris en vitesse, ce à quoi il a obtempéré sans demander son reste.

— Après tout, nous dit Charles, il y en a d'autres qui ont été plus habiles que lui, et qui ont su disparaître à temps... Alors pourquoi ça aurait été à lui de payer plus qu'un autre ?

C'est vraiment un chic type. Nous devinons bien qu'il l'a fait surtout pour Véronique. Du coup, il est désormais bien vu dans sa future belle-famille. Ces « bons Français » qui, il y a peu de temps encore, ne juraient que par le maréchal, trouvent maintenant très appréciable l'idée d'avoir un gendre juif, communiste et résistant.

Ces conversations confiantes tenues dans notre chambre d'hôpital sont précieuses pour nous qui vivons isolés. Nous découvrons ce qui se passe autour de nous. Riquet, pour sa part, a évoqué les femmes qui ont été tondues en public, un peu partout en France, en raison de liens noués avec des Allemands. Il a assisté à ça, près de chez lui.

— Les pauvres, a murmuré Véronique.

Charles a réagi vivement :

— Écoute, ce n'est pas que j'apprécie beaucoup ce genre de choses, mais de là à les plaindre !...

Alors Véronique a fait une confidence que je n'ai jamais oubliée :

— Si le dossier de Maurice avait été attribué à une collègue ; si tu ne m'avais pas ouvert les yeux sur sa situation... Tu vois ce que j'étais, à l'époque ? Une fille insouciante qui, sortie du travail, ne pensait qu'à ses toilettes et à aller danser. J'aurais peut-être été courtisée par un des Allemands que voyait mon frère. Je n'aurais peut-être pas dit non. Aujourd'hui, je serais une de ces femmes qu'on traîne dans la rue en les insultant avant de les tondre. Alors tu vois... À quoi ça tient...

— Allez, coupe le père Riquet, maintenant il faut penser à autre chose !

— Une chanson ! clament quelques voix.

Il n'attendait que ça et entonne « Ça sent bon la France », un succès de Maurice Chevalier. Nous l'accompagnons de bon cœur.

Je suis le héros du jour et leur sollicitude à tous me fait plaisir. Mais en réalité je me force à sourire et à chanter. Je pense aux miens, je pense au pauvre Samuel que jamais plus nous ne reverrons... Je m'aperçois que tout le monde, petit à petit, l'oublie, se console de son absence. Sauf moi. Et cet oubli des autres me fait mal.

Encore une fois, ce soir-là, je reste longtemps les yeux ouverts dans le noir. Je revois tout ce qui s'est passé depuis trois ans. Je suis ballotté entre le chagrin et la révolte.

1942, 1945. Douze ans, quinze ans. Je pense à ma rue, à mes copains, aux vacances à Andelaroche. Je sens confusément tout ce que j'ai perdu et qui ne reviendra pas, tous les plaisirs de cet âge, les jeux, l'insouciance, la sécurité du foyer.

Et puis je m'inquiète pour l'avenir. M. Charles a fait ce qu'il a pu, mais ça ne remplace pas l'école. Moi, j'aimais bien l'école, même si l'étoile jaune et le coup de pied l'ont transformée en un mauvais souvenir. Je vais sans doute me rétablir, je me retrouverai bientôt dehors, et qu'est-ce que je deviendrai ?

Alors ils peuvent bien être allègres, tous... Oui, le pays est libéré. Oui, Charles n'est pas mort, et Véronique et lui s'aiment et vont se marier. Oui, ils peuvent tous chanter « Ça sent bon la France. » Ils peuvent se laisser aller au bonheur. Mais, pour moi, l'inquiétude et la souffrance ne sont pas finies. Et je me dis que ce doit être pareil pour tous ceux, parmi les juifs, qui ont survécu, à travers tant d'angoisses, de haine, d'horreurs diverses. Aujourd'hui ils ne sont plus traqués ni persécutés, mais ils restent à part, avec leur douleur.

*

Un infirmier est arrivé avec un vieux poste de radio, récupéré je ne sais où, qu'il est parvenu à remettre en marche après quelques sifflements et grésillements.

Ce poste est devenu le centre de la chambrée. Nous y écoutons les chansons dont se grise la France libérée, mais aussi et surtout les nouvelles de l'interminable agonie du Reich : l'effroyable bataille de Berlin, l'arrivée des Russes, le suicide de Hitler dans son bunker...

Mais pour moi la seule nouvelle qui compte en ce moment, en vérité, c'est la découverte des camps de concentration.

Jusqu'à présent, il n'y a eu que des rumeurs, toujours plus inquiétantes, et qui m'ont fait douter de jamais revoir les miens – mais, enfin, ce n'étaient que des rumeurs. Peut-être exagérait-on. On pouvait quand même espérer, on pouvait se dire qu'on se trompait...

À présent, les rumeurs font place à des faits. Des faits indubitables que j'apprends, jour après jour, avec une stupeur incrédule.

Dans le chuintement nasillard du vieux poste, j'ai entendu la voix d'un speaker prononcer les noms de Buchenwald, d'Auschwitz, de Treblinka, et décrire l'horreur absolue de ce qui s'y déroulait et de ce que découvrent à présent les armées d'occupation... Les survivants que l'on y trouve sont dans un état tellement effroyable que, même après leur libération, des milliers d'entre eux meurent encore. La faim, le froid, l'angoisse ont provoqué en eux des dégâts irréparables.

Le son de cette voix sans visage, grave, mais impassible, qui sort du vieux poste à galène, rend plus terrible encore ce qu'elle transmet, en souligne l'insoutenable cruauté.

Cela s'égrène, jour après jour. Oui, le Reich allemand avait bel et bien programmé et entrepris l'extermination de tous les juifs d'Europe. Oui, des milliers de soldats, de fonctionnaires, ont travaillé dans ce but, établissant des listes, triant des dossiers. Des chefs de gare ont aiguillé ces trains, des chauffeurs les ont conduits.

J'en ai beaucoup parlé avec Charles.

— Nous avions eu des renseignements dès le début 43, m'explique-t-il. Et je me rappelle que même certains d'entre nous ne voulaient pas le croire. D'ailleurs, Roosevelt lui-même, il a fallu lui mettre des photos sous le nez pour qu'il réalise...

Il me raconte que beaucoup de juifs considèrent que maintenant le moment est venu de créer un véritable État en Palestine.

J'écoute tout cela, hanté par une seule question : puis-je encore espérer que mes parents, mes sœurs et mon frère, qui ont fait ce voyage vers l'enfer, aient eu suffisamment de force pour résister à l'épuisement et au désespoir ? Suffisamment de chance, aussi, pour échapper aux exécutions en masse ?

Les paroles de Samuel, dans les premiers temps de notre amitié, me reviennent à l'esprit : « Nous ne les reverrons jamais, tu sais... »

Plus le temps passe, plus ce qui subsiste d'espérance s'amenuise et se transforme en douleur. L'espoir, quand ça ne veut pas mourir, ça fait souffrir.

Et maintenant, j'apprends que les premiers trains arrivent à la gare de l'Est, ramenant les survivants.

La radio énumère régulièrement les noms de tous ces malheureux, dans l'espoir que des familles, des amis, pourront les recueillir et s'en charger. Nombre d'entre eux sont hébergés à l'hôtel Lutetia. Mais moi, je ne peux pas y aller… J'écoute ces listes de noms, faisant impérieusement taire mes camarades. Du coup ils écoutent avec moi, me regardant d'un air grave. Mais parmi tous ces noms qui sortent du vieux poste crachotant, jamais ne surgit celui de ma famille.

À chaque fois, l'énumération terminée, je ferme les yeux et me tourne, enfonçant ma tête dans le traversin. Autour de moi, tout doucement, reprennent les conversations et les jeux…

Et le chagrin me reprend. Oui, pour eux tous, c'est fini, tout ça. Pas pour nous. Pas pour moi.

Je suis seul au monde.

*

Encore un cauchemar étrange.

Je ne sais pas pourquoi on a transporté mon lit dans une rue, sur un large trottoir où circulent beaucoup de gens. Quelqu'un m'a dit que, de cette manière, si mes parents passaient par là, ils me trouveraient. Et je suis là, honteux, dans mon lit avec mon pyjama, au milieu de tous ces gens qui rient entre eux, qui ont l'air pressé, qui se serrent la main, soulèvent leur chapeau, repartent, transportent des paquets, gesticulent, appellent un taxi, courent vers l'autobus. Ils ne me voient pas ; ou plutôt on dirait qu'ils évitent de me voir. Ils contournent mon lit comme un obstacle. Ils préféreraient, je le sens bien, que cet orphelin ne soit pas là. Ils ne peuvent rien pour lui. Sa présence les encombre, au fond. Je suis immobile, cloué à mon lit, au milieu de toute cette cohue, dans une ville que je ne connais pas. Je voudrais bien revenir à l'hôpital, au moins on y est à l'abri. Mais personne ne vient, personne ne se soucie de moi.

Puis je reprends conscience. Non, le lit n'a pas bougé. Je suis toujours là, à l'hôpital. Je soupire, rassuré. Cet endroit où j'ai tant souffert et pleuré, c'est en quelque sorte ma maison, et je ne suis pas pressé d'en sortir.

*

Mai 1945

Au service de radiologie, où l'on m'a emmené il y a près de deux heures, j'attends, sur mon chariot roulant, qu'on me ramène dans ma chambre.

On pratique des radios toutes les cinq ou six semaines. Une corvée parmi d'autres. Il y a longtemps que je n'en attends plus de révélation. D'ailleurs on ne me dit jamais rien du résultat de ces examens. Et moi, j'ai l'impression que cela durera toujours, la maladie, l'hôpital, la solitude, l'ennui.

Soudain, une porte s'ouvre et le docteur Daviel s'avance, brandissant les derniers clichés.

— Eh bien, mais on dirait que te voilà tiré d'affaire, toi ?...

C'est sans doute, en trois ans, la première fois qu'il s'adresse vraiment à moi. Je n'en reviens pas. En outre, les yeux toujours sur le cliché, il ne cache pas son plaisir :

— C'est ressoudé, c'est solide… Et l'infection ne redémarre pas.

J'ouvre de grands yeux. J'ai l'impression d'avoir mal entendu. D'un doigt replié, il cogne sur mon plâtre :

— Ma foi, je pense qu'on va pouvoir enlever ça.

Je me redresse sur les coudes, incrédule :

— C'est vrai ?…

— Puisque je te le dis.

Je reste muet. Mes yeux me piquent. Je le regarde éperdument. Si je pouvais, je lui sauterais au cou. Je lis à cet instant sur son visage qu'il est heureux, lui aussi. Cet homme toujours pressé, bourru par nécessité professionnelle, est loin d'être indifférent à la misère qu'il côtoie.

Il me donne une petite tape amicale sur la joue :

— N'empêche que tu es un costaud, dans ton genre, me dit-il. À vrai dire, je me demande un peu comment tu as fait…

Ce n'est pas moi qui pourrais le lui dire !

Deux jours après, on me déplâtre. J'ai encore dans l'oreille le bruit de la petite scie avec laquelle un infirmier entame la coquille blanchâtre en quelques points stratégiques, pour l'écarter ensuite des deux mains et la retirer.

Et voilà. Ma jambe repose, libre. J'éprouve une bizarre sensation de légèreté et de froid.

À vrai dire, ce n'est pas très beau à voir. Enfermée si longtemps, la jambe n'a pas pu se développer normalement : elle est nettement plus mince et plus courte que la droite. Le genou, en outre, est déformé, l'articulation ne fonctionne plus. La peau est blême, sèche, un peu fripée. Et puis je n'arrive pas à remuer cette jambe, si peu que ce soit ; elle reste inerte, engourdie et comme morte. Mlle Angéline me rassure :

— C'est normal, elle n'a pas servi pendant tout ce temps ! Mais tu vas voir. Tu vas faire de la rééducation, tu auras des massages, et, d'ici à quelques jours, tu la sentiras de nouveau et peu à peu elle t'obéira.

En fait, il reste du travail, beaucoup de travail, avant que je ne recouvre vraiment la santé. C'est Véronique qui me l'explique avec douceur, et je m'en rendrai compte dans les semaines qui suivent. S'ajoutant à la maladie, les carences alimentaires de ces années m'ont affaibli, comme tous mes camarades. Nous sommes maigres, fragiles, à la merci du moindre microbe qui passe. Il me faudra encore des mois de convalescence et de soins pour retrouver mes forces – et, de toute façon, je conserverai une forte claudication.

L'essentiel, cependant, est que mon organisme a tenu bon devant cette espèce de lèpre intérieure, insidieuse, qui en a tué tant d'autres. Jamais pourtant je n'avais été considéré comme un enfant spécialement robuste. Mais la vie s'est accrochée. Allez savoir pourquoi ! Ni la sous-alimentation chronique, ni l'infection, ni la solitude et l'angoisse n'ont pu me détruire.

Ça voulait vivre.

Pourtant, au long de tant de nuits sans sommeil, de tant d'heures mornes passées à avoir mal, de tant de jours où tout ce que j'éprouvais était le chagrin de me sentir abandonné, avec cette question terrible, épuisante : pourquoi ? – au long de tout ce temps, je ne cherchais pas spécialement à vivre. Lorsque je m'étais cru atteint de méningite, c'est sans chagrin et sans peur que j'avais écrit l'ultime lettre aux miens. Cela m'aurait été égal, je crois, de m'endormir une bonne fois pour toutes.

Mais non : *ça voulait vivre*.

On dirait que ce n'est pas moi qui choisis.

14

Fin mai.

Aujourd'hui, je suis autorisé à effectuer ma première promenade dans le jardin de l'hôpital. Véronique est venue s'occuper de moi pour l'occasion. Soutenu par elle et par Riquet, je parviens à descendre l'escalier. En bas, on me donne deux béquilles.

— Allez, roulez jeunesse ! s'exclame Riquet.

Roulez jeunesse, c'est quand même vite dit. Mais enfin, je marche. J'ai un instant le tournis lorsque je franchis la haute porte par laquelle, trois ans plus tôt, je suis entré allongé sur un brancard. La lumière, la douce fraîcheur de l'air me communiquent un vertige soudain et, pendant une dizaine de secondes, j'ai l'impression que je vais tomber.

Véronique s'en aperçoit et me prend par le bras.

— C'est normal... Tu n'as pas été dehors depuis si longtemps... Viens, je vais t'aider.

Mais alors, après avoir pris une profonde inspiration, je me tourne vers elle :

— Non... S'il te plaît... Je voudrais y aller tout seul.

En fait, je veux que le vertige s'arrête. Je décide de tenir tête. Il faut que je tienne debout. Ces premiers pas, je ne veux les devoir qu'à moi. C'est très important.

Véronique comprend et approuve de la tête.

— D'accord, dit-elle en souriant. Je vais m'asseoir là et t'attendre. Si tu as un problème, appelle-moi.

Alors, me sentant stabilisé, je me mets en devoir de descendre les marches, ce à quoi je parviens, à ma grande fierté, sans me casser la figure.

C'est fait. Je suis debout, au-dehors, sur la terre battue de l'allée. En plein air.

Je contemple avec étonnement ce décor qui m'environne depuis près de trois ans, et que je n'ai pratiquement jamais vu. Cela n'a rien de bien beau : des allées poussiéreuses, des plates-bandes chichement garnies, des arbres alignés...

Mais le soleil passe à travers leurs branches, et l'on y entend pépier les moineaux. L'air est léger, débarrassé des remugles de l'hôpital, et moi je suis vivant ! Du coup, ces lieux banals m'émerveillent comme le plus beau des paysages.

Lentement, prenant le temps d'assurer mon équilibre, je longe le bâtiment sévère. J'écarquille les yeux comme pour m'inonder de ciel bleu, du scintillement léger des feuilles dans la lumière, et pendant un moment j'oublie tout, les souffrances, l'angoisse, l'absence de ceux que j'aime, pour ne plus penser qu'à cela : je suis vivant.

Je le sens. Cela vibre en moi, cela me cogne dans la poitrine comme un battant de cloche. La vie reprend le dessus, elle coule en moi comme une force oubliée, comme la sève qui remonte dans les arbres au printemps… Une énergie que rien ni personne, j'en suis sûr, ne parviendra plus à étouffer.

Je viens de naître à nouveau.

Un coup de pied, reçu au printemps 1942 dans une cour d'école, m'a expédié du côté de la mort. Et maintenant, trois ans plus tard, je débarque à nouveau sur la rive de la vie.

Je me retourne. Je suis maintenant à cinquante mètres à peu près du bâtiment. Véronique me fait coucou de la main. Je m'appuie à un tronc pour pouvoir lâcher une béquille et lui répondre. Le tronc de l'arbre est rugueux et chaud. J'y colle ma joue. J'ai l'impression qu'il me communique sa force, généreusement.

*

— Bon, eh bien maintenant, ce n'est pas tout : il faut penser à ton avenir, mon petit Maurice.

Je regarde Véronique, j'approuve timidement. Je ne sais pas du tout, mais alors pas du tout, en quoi cela peut consister, penser à mon avenir. Plus exactement, cela me met dans des angoisses et une panique insupportables.

Je ne voudrais même pas en entendre parler !

Je vais aller où ? Je vais devenir quoi ? Cela me tord le ventre.

Je voudrais tant n'avoir rien à décider ! Qu'on s'occupe de moi ! Qu'on me laisse être ce que je suis encore : un môme...

Hélas, ce n'est pas à l'ordre du jour. Il faut agir, décider. Avec douceur, mais fermement, Véronique me résume la situation qui est la mienne. Je vais mieux. Ma rééducation se poursuit de façon satisfaisante. Dans ces conditions, l'hôpital ne pourra pas me garder encore très longtemps.

C'est cette idée qui est terrible. Parce que, en fin de compte, depuis trois ans, cet hôpital, c'est ma maison. Ce n'est pas beau, on y mange mal, on y souffre, les journées sont interminables et toutes pareilles, mais, au moins, quelqu'un s'occupe de nous. On n'a pas de questions à se poser. Et puis il y a des copains qui sont logés à la même enseigne, cela réconforte. Il y a les illustrés du père Riquet. Tout ce petit monde où l'on m'a jeté sans que j'aie le choix, que j'ai supporté vaille que vaille parce que j'y étais bien obligé, c'est mon seul univers désormais, et, à l'idée de devoir le quitter, j'ai peur, atrocement peur. Je le regrette déjà !

Véronique a déjà commencé à remuer ciel et terre pour me trouver des points d'appui, des protections.

Je possède encore une lettre qu'elle a adressée à un certain docteur Minkovski, de l'Union nationale des combattants, par l'intermédiaire d'une association juive, l'OSE (Œuvre de secours aux enfants) :

> *Je me permets de vous signaler un jeune israélite, Maurice Grosman, 15 ans, hospitalisé depuis trois ans... Cet enfant n'a plus aucune famille à Paris, ses parents (père, mère, deux sœurs et un frère) ayant été déportés du camp de Drancy pour une destination inconnue.*
>
> *L'œuvre israélite de la rue de la Bienfaisance m'a dit que vous étiez la seule personne à Paris susceptible de vous occuper de ce pauvre enfant.*
>
> *Je vois Maurice Grosman depuis trois ans au titre d'assistante sociale et je ne puis, malheureusement, apporter à cet enfant toutes les douceurs que je désirerais...*

J'ai aussi conservé la lettre par laquelle ce docteur Minkovski lui a fait répondre que, quoique ce ne fût pas la vocation de l'œuvre dont il s'occupait, une somme de 300 francs par mois lui serait versée à mon profit. L'argent est donc envoyé à son service social, rue de Vézelay, dans le VIIIe arrondissement. Cela lui permet de m'apporter de petits colis alimentaires, des livres, un cahier, des crayons...

Cette modeste intervention, évidemment, ne suffit pas. La question n'est plus là. Il faut savoir maintenant où j'irai à ma sortie de l'hôpital.

Nous avons encore écrit, ensemble, à ma sœur Madeleine, à Limoges, dont j'avais gardé la lettre comme le plus précieux des trésors. Je ne voulais pas écrire cette nouvelle lettre. J'avais trop peur de ce qui en résulterait. Véronique a dû insister. Je l'ai écrite en pleurant presque.

Je savais bien pourquoi j'hésitais tant, et j'avais vu juste. Notre missive est revenue huit jours après, avec cette mention que j'avais déjà lue à maintes reprises : *N'habite plus à l'adresse indiquée*.

L'horrible scénario recommençait...

J'ai montré la lettre à Véronique, sans un mot. J'étais furieux contre elle. C'était injuste, mais plus fort que moi. C'était encore une espérance envolée. Où étaient-ils partis, qu'étaient-ils devenus, elle, son mari et cette petite fille qu'ils avaient eue ? Pourquoi ne m'avaient-ils pas écrit à nouveau, avant de disparaître ? Je retombais dans le même cauchemar interminable...

Cette fois, je n'ai pas pu me retenir de pleurer :

— Tu vois bien !... Tu vois bien que ça ne sert à rien !...

Véronique, accablée, mais impuissante, me caresse les cheveux et la joue. Je rejette cette tendresse inutile d'un mouvement brusque de la tête. Pauvre Véronique ! Je me doute bien pourtant qu'elle est aussi malheureuse que moi.

Pas de nouvelles non plus de ma tante Régina. Je la revois, si expansive, si affectueuse, me glissant trois sous dans la main, ou revenant de sa chambre avec les 700 francs qui nous permettraient d'aller en vacances à la campagne. Est-il possible qu'elle aussi...

Je suis accablé. Mon malheur n'en finit pas de se distiller, de tomber sur moi goutte après goutte comme une vilaine pluie d'hiver... Oui, la France est libérée... Mais le cauchemar que j'ai cru dissipé aux heures joyeuses d'août 1944 n'est pas fini. Il est fini pour tous les Français, mais pas pour nous.

Pour nous, il continue, au fil des mois. Il continue pour tous ces pauvres gens qui recherchent leurs disparus et ne les trouvent pas. Oui, décidément, même dans la liberté revenue, les juifs, qui ont été les premières victimes de l'oppression, demeurent des parias, invités à se débrouiller avec leurs malheurs sans trop embêter les autres, si possible...

Décidée néanmoins à frapper à toutes les portes, Véronique m'a aussi demandé l'adresse de mon oncle Jacques, afin de savoir ce qu'il est advenu de lui, et, au cas où il vivrait encore, s'il accepterait de me recueillir.

Un matin, elle entre dans la chambre, une lettre à la main, et rien qu'à voir son visage, ma gorge se noue. Il me faut m'attendre à un nouveau coup du sort.

— Maurice, j'ai une mauvaise nouvelle pour toi... Ta tante vient de me répondre. Son mari est malade du cœur, avec cinq enfants à nourrir.

Elle se mordille la lèvre, se décide enfin à continuer :

— Il leur est très difficile d'en reprendre un autre...

Silence.

Elle n'a pas besoin d'en dire plus, j'ai compris.

— Il ne me reste qu'une solution, reprend-elle. Étant donné que le médecin a signé ton bon de sortie, je prendrai contact dès demain avec le service qui s'occupe des enfants orphelins. Je pense que tu seras dirigé vers l'Assistance publique.

Je ne dis rien. Je me referme sur ce nouveau coup. C'est mon sort : toutes les joies doivent s'achever par des larmes. Chaque fois qu'une espérance surgit, il faut qu'elle soit anéantie.

Je me rappelle notre allégresse et notre impatience lorsque les Alliés ont atteint Paris. Deux mois plus tard, Samuel mourait. Je me rappelle combien j'ai exulté, au printemps, de me savoir guéri, de pouvoir à nouveau sortir, marcher, respirer, vivre ; et c'est pour me découvrir orphelin.

Véronique me regarde avec une immense pitié.

— Tu sais, lui dis-je, je crois que j'aurais préféré être mort de la méningite. Ou comme Samuel. Comme ça, je n'embêterais personne.

— Il ne faut pas dire ça, mon petit Maurice... Il ne faut pas dire ça.

Elle a les larmes aux yeux. Alors je me dis qu'elle a fait beaucoup pour moi, et qu'elle souffre de ne pas pouvoir faire plus. Il ne faut pas que je l'embête, que je lui complique la tâche. Il faut que je sois un homme, que je lui cache mon chagrin. Ce sera une façon comme une autre de lui dire quand même merci.

Alors je me contrains à me rasséréner, du moins en apparence. Elle n'a plus qu'à faire les démarches nécessaires. Va pour l'Assistance publique !

De toute façon, on peut bien m'expédier où l'on veut, à présent ; tout m'est égal.

*

Revoir Paris
Et me retrouver chez moi...
Seul sous la pluie
Parmi la foule des grands boulevards
Quelle joie inouïe
D'aller ainsi au hasard...

J'ai écouté à la radio cette chanson de Charles Trenet. Elle a du succès, car elle exprime la joie d'un pays, la joie des Français. Et elle me revient à l'esprit, ce matin, dans la voiture qui est venue me chercher à l'hôpital, et qui m'emmène maintenant vers l'orphelinat Saint-Vincent-de-Paul, rue Denfert-Rochereau.

Je ne suis plus allongé, c'est déjà quelque chose. Vêtu de vêtements dépareillés que Véronique a réussi à trouver pour moi (les miens ne m'allaient plus depuis longtemps), je suis assis, à l'arrière, et je colle le nez à la vitre. Un peu comme un prisonnier que l'on relâche après des années de détention, je redécouvre, étonné, les rues, les façades, les bistrots, les trottoirs où, pressés ou nonchalants, des milliers de passants vaquent à leurs occupations.

Mais ce que je ressens n'est certes pas l'émerveillement joyeux du « fou chantant ». C'est la crainte. Je ne sais pas ce qui m'attend dans cette immense ville toute grise. Je ne sais pas qui sont ces gens qui déambulent. Je ne sais pas ce qu'il y a derrière ces hautes façades à sculptures, dans ces cafés, dans ces magasins. Je ne sais pas à quoi va ressembler ma vie dans les prochains jours, dans les prochaines années. Je suis tout petit. Je ne sais rien.

Tout à l'heure, j'ai fait mes adieux au docteur Daviel, à Riquet, à Mlle Angéline. Je voyais la compassion dans leurs regards. Riquet m'a donné un ultime illustré, Angéline un baiser sur la joue. Après, j'ai fait le tour de la chambrée. Lucien va bientôt sortir, lui aussi. Il retournera chez lui. Je lui ai dit de donner le bonjour à ses parents et à Denise.

— Viens nous voir, un jour, quand tu pourras, a-t-il proposé.

J'ai dit oui. Mais je sais bien que je n'irai jamais, que je ne reverrai plus la petite Denise. Un juif, un orphelin ! Handicapé, en plus. Qu'est-ce qu'ils feraient de moi ! Et moi, j'aurais bien trop honte. Je ne suis pas digne de mon amie Denise. Je n'ai plus aucun intérêt ni aucun attrait pour personne.

Je suis celui qui n'aurait pas même dû vivre. Normalement, je devrais être parti pour les camps, moi aussi. Mon existence est une anomalie. Un hasard encombrant.

Avant de quitter la chambre, j'ai regardé une dernière fois vers le lit où Samuel avait vécu ses derniers instants, et puis je suis sorti. Dans le couloir, il y avait le grand Luc. Lui aussi, je suis allé lui serrer la main. Il m'a regardé de ses yeux brillants, de plus en plus bizarres :

— Tu vas à l'orphelinat ? Tu vas en baver. Y'a rien à bouffer, là-bas. Tu parles ! Ils s'en foutent bien de donner à manger aux orphelins. Ah ah !

Je me suis éloigné, mais il a encore eu le temps de crier derrière moi :

— Et puis tu sais, il paraît qu'ils te battent !

Il est fou, celui-là. Il est devenu complètement fou, maintenant. Il ne sait plus que dire des horreurs et ça le fait ricaner. J'ai de la pitié pour lui. Que deviendra-t-il ?

Mais ses prédictions me poursuivent ; et s'il disait vrai ?

À présent nous arrivons. L'automobile roule avec bruit sur les pavés de la vaste place où grogne, se levant à demi, un énorme lion de bronze, et s'immobilise devant une sévère façade où des lettres anciennement dorées indiquent le but de mon petit voyage.

Un coup d'œil me suffit pour comprendre où j'arrive : encore une prison. Encore un de ces endroits où personne n'a envie d'entrer, où l'on vous oublie. Encore un endroit pour les réprouvés, les rejetés de la vie. Pour ceux dont l'existence est un problème, une charge, et dont personne ne sait que faire ; ceux qui sont promis à la charité publique et à l'assistanat.

En moi, cependant, il n'y a plus de plainte. Il y a la certitude que c'est la vie qui est comme ça, dure, grise et froide comme un mur.

Véronique, qui m'accompagne, me prend la main. Je crois qu'elle n'ose rien dire. Je m'en tiens à la promesse que je me suis faite : ne pas lui compliquer la vie, ne pas lui rendre ces moments plus difficiles encore. Et puis je sais autre chose, que m'a confié Mlle Angéline. Véronique avait pensé à me recueillir. Seulement, Charles et elle n'ont pas encore trouvé de logement, et ils manquent d'argent.

Nous entrons dans le sévère édifice. Un hall triste et vide. Elle m'accompagne jusqu'à une porte surmontée de la mention « bureau des admissions » ; elle explique mon cas, remet mon dossier à la préposée.

— Bien, dit celle-ci, une femme austère et impassible. Nous prenons ce jeune homme en charge. Vous pouvez partir, madame. Voici le certificat.

Véronique s'empare du document. Un reçu. Un simple reçu. Pour livraison d'un enfant orphelin à une institution spécialisée. Tout est en règle, et moi, j'ai le ventre tordu d'angoisse parce que, dans moins d'une minute, je serai tout seul ici.

— Je viendrai te voir, mon chéri. Je te promets. Je ne t'oublie pas.

J'approuve de la tête, sans un mot. Elle me serre dans ses bras. Je me raidis. Je dis froidement au revoir. Je voudrais bien lui dire quelque chose, parce que, tout de même, elle a été bonne pour moi. Mais ça ne sort pas. Je ne peux plus. J'ai les poings serrés. Qu'on ne me raconte pas d'histoires, ni elle, ni qui que ce soit d'autre ! Je suis seul dans la vie et puis c'est tout.

Je me retrouve avec la petite valise contenant mon pyjama, un peu de linge, mes quelques livres et papiers.

Une employée surgit bientôt.

— Maurice Grosman ? Venez avec moi.

Je la suis. Des portes s'ouvrent et se referment aussitôt derrière nous. À sa suite, je parcours de longs couloirs vides où les pas résonnent. Le mien, inégalement. Cela m'humilie. Je suis en rage et en souffrance. Orphelin, orphelin. Le mot terrible se répète en moi. Comme une injure. Juif, c'était une injure. Orphelin, cela m'apparaît encore comme un mot qui infériorise, qui dégrade. Je suis celui qui ne peut plus être désigné que par des mots d'humiliation ou d'infamie. Même quand je pense à mes parents, maintenant, j'éprouve de l'amertume. Puisqu'ils n'ont pas su me protéger. Puisque j'en suis là. Et, en même temps, je me sens coupable de me laisser aller à de tels sentiments.

La femme qui m'a accompagné me fait entrer dans un bureau où une autre femme, entre deux âges, l'air grave, me fait asseoir et commence à remplir des papiers. Une fois sa tâche finie, elle s'empare d'une chaînette métallique avec une plaque ovale, en métal, où se trouve gravé un numéro : 714.

— Voilà... Tu dois toujours porter cela autour du cou.

Incrédule, je saisis l'objet qu'elle me tend.

— Eh bien ! Il faut le mettre…

Et alors, j'explose.

Je jette par terre la chaînette et sa plaque, et j'explose. J'explose en sanglots bruyants, je rugis face à cette femme médusée. Je n'en veux pas, de son collier et de sa plaque. Je n'en veux pas !

Je ne sais pas ce qui m'a pris. C'est étrange, parce que, plus tard seulement, je connaîtrai toute l'étendue de l'ignominie. Je saurai que mes parents, et mon petit frère, et mes sœurs, et tous les autres, on les a déshabillés, on les a tondus, et qu'ensuite on les a tatoués, marqués d'un numéro, même pas comme des bêtes, à qui l'on donne encore un nom, mais comme des sous-hommes, comme moins que rien, avant de les faire mourir.

Ce jour-là, je ne sais pas encore tout cela. Pourtant, ma révolte est instinctive. Je ne veux pas être un numéro. Tout mon être se révolte. Ce n'est donc pas assez, d'avoir été un petit pauvre à qui l'on refusait du pain à la boulangerie ? Ce n'est donc pas assez, d'avoir une jambe tout esquintée, pour la vie, à cause du coup de pied d'un imbécile ? Ce n'est donc pas assez, d'avoir été un « sale youpin », puis pendant trois ans un petit malade abandonné dans son hôpital ? Il faut encore que je sois le numéro 714 ? Et que faut-il, encore ?

Je sanglote, cassé en deux. Oui, oui, qu'on fasse de moi ce qu'on veut !

La dame s'est approchée. Elle a ramassé la chaînette et la plaque. Elle approche une chaise de la mienne, s'assied et me prend par l'épaule.

— Mon petit, pourquoi pleures-tu ? demande-t-elle doucement.

Je renifle, tâche d'interrompre mes sanglots. Je ne suis plus tout à fait l'enfant complètement perdu qu'on traînait d'hôpital en hôpital. J'ai quinze ans. Et puisque décidément je n'ai pas pu mourir, j'ai au moins le droit d'exprimer ce que je ressens. Je prends ma respiration et je dis :

— Madame, j'ai perdu mes parents, mon frère et mes sœurs, toute ma famille. Cela fait trois ans que je suis tout seul. J'ai encore un oncle, mais il ne veut pas de moi. Et maintenant, je vais être ici et je m'appellerai le numéro 714. Je n'ai même plus de nom. Qu'est-ce qu'il me reste ?

Un grand silence suit. Je n'attends pas de réponse. Je demeure la tête inclinée, considérant par terre, sans les voir, les dessins du carrelage.

— Regarde-moi, dit-elle.

Elle m'a pris le menton, me force à tourner la tête vers elle. Puis elle me dit, très posément, en me fixant bien dans les yeux.

— Tu n'es pas seul ici. Il y a beaucoup d'autres enfants qui ont perdu leurs parents, ou qui n'en ont jamais vraiment eu. Ils sont comme toi. Tu as quinze ans. Ce qu'il te reste, mon petit ? Il te reste toute la vie devant toi.

La vie devant moi. Je demeure perplexe, incertain. Puis je saisis la chaînette avec le numéro 714, et, sans un mot, je me la passe autour du cou.

15

La femme qui était venue me chercher à l'entrée m'a conduit au quatrième étage, dans un dortoir désert à cette heure. C'est plus grand que ma chambrée d'hôpital : il doit y avoir une quarantaine de lits. Un jour triste tombe des fenêtres mansardées.

— Voilà ta place, me dit-elle en me désignant un des lits. Tu rangeras tes affaires dans la petite armoire. La valise, sous le lit. Je vais te montrer les sanitaires.

Les sanitaires se trouvent au bout du dortoir. L'équipement principal est une sorte d'évier très allongé, au long duquel un tuyau alimente une demi-douzaine de robinets. En face, cinq portes derrière lesquelles se trouvent les WC.

— Voilà. Tu finis de t'installer et tu descends tout de suite dans la cour par cet escalier.

Je demeure un moment assis sur le lit qui m'a été attribué, m'imprégnant de l'atmosphère sinistre de cet endroit.

« Il te reste toute la vie devant toi... »

Je regarde à nouveau la plaque, au bout de la chaînette. Je suis bel et bien, désormais, le numéro 714. Je dois maintenant me familiariser avec cet environnement qui sera le mien pour une durée indéterminée, et dans lequel il me faut trouver ma place.

Je descends en clopinant les quatre étages, avant de déboucher dans une grande cour, semblable à une cour d'école. Là, une surveillante m'indique quelle est ma « division », et à quel endroit je devrai me mettre en rang lorsque la sonnerie indiquera l'heure du repas ou de l'étude.

Les jours suivants, je découvre peu à peu les lieux et l'ambiance.

Une ambiance horrible. Il n'y a qu'une solution pour supporter cela : devenir réellement le numéro 714, n'être rien d'autre que cet animal domestiqué qui se lève à heure fixe, s'asperge la figure au lavabo, ingère le café au lait et la tartine réglementaire, descend dans la cour, obéit à la cloche, se plie à la discipline de journées réglées d'avance et sans surprise.

L'hôpital, certes, ce n'était pas drôle. Cependant on s'y sentait protégé, entouré malgré la solitude. Et puis la plupart de mes camarades d'hôpital recevaient des visites, savaient qu'ils retrouveraient un jour ou l'autre leur foyer.

Ici, rien de semblable. Ceux qui sont là n'espèrent rien. Leur désespoir se voit, même quand ils jouent, crient, se bagarrent, se poursuivent. Beaucoup, d'ailleurs, ne jouent pas, demeurent muets, sombres, repliés. À plusieurs reprises, je tente de lier conversation ; parfois ils ne répondent même pas. Il y en a un qui a trouvé ou volé une petite cuiller, et qui la fait sauter entre ses doigts, la rattrapant tantôt par une extrémité, tantôt par l'autre. Il passe tout son temps à cela, jour après jour, l'œil dans le vague.

D'autres, à l'inverse, réagissent par l'agitation, l'indocilité, la grossièreté. Je comprends très vite qu'il y a parmi cette communauté des victimes et des bourreaux. Par exemple ce grand gaillard blond, au dos voûté, aux longs bras, continuellement entouré d'une ronde infernale qui hurle : « Chimpanzé, chimpanzé ! » Le malheureux, tout rouge, ne sait que répéter : « C'est pas gentil, les gars… » C'est pas gentil. Costaud comme il est, il pourrait flanquer une raclée à n'importe lequel de ses tourmenteurs. Il ne le fait pas, je ne sais pourquoi. Chaque jour, et à plusieurs reprises, je le retrouve au milieu de sa ronde, misérable, au bord des larmes.

Je commence à me faire une certaine idée de la nature humaine. En somme, quand ce n'est pas le « youpin », on trouve autre chose. Il faut qu'il y ait un faible sur qui s'acharner. Il faut qu'il y ait une victime. Si on ne trouve pas plus malheureux que soi, on s'applique à le fabriquer.

J'ai fini par faire la connaissance d'un long garçon maigre, blafard, aux omoplates saillantes, au torse creux. Il s'appelle Daniel, il est très paisible et je le trouve intelligent. Il connaît toutes sortes d'histoires pitoyables sur les uns et les autres. Il me les raconte. Untel, ses parents et sa sœur se sont tués dans un accident de voiture. Il n'a plus personne. Tel autre, on a dû le retirer à sa famille, qui le faisait vivre enfermé sous l'escalier ; il mangeait par terre, comme un chien, les restes de nourriture qu'on voulait bien lui laisser.

Il y a aussi une fille que son père et son oncle « violaient ». Je n'ai pas demandé à Daniel ce que voulait dire ce mot. Je m'en fais une idée confuse. Il y a aussi des enfants d'alcooliques, des frères et sœurs dont les parents, aveugles, ont dû se séparer. À chaque fois, à chaque nouvelle histoire, c'est comme une lucarne qui s'ouvre pour moi sur toutes les misères et les abominations de la vie.

Daniel, lui aussi, finit par me raconter son histoire.

— Mon père, on ne sait pas qui c'est. Je n'avais qu'une maman. Et ma maman a eu la tuberculose. J'ai été à son enterrement, puis je suis venu ici. Mes grands-parents ne veulent pas me voir, ils disent que je suis l'enfant du péché et que maman a été punie.

Il ne se plaint pas. Les autres non plus, d'ailleurs.

Il y en a qui ont toujours été ici. Un jour, plusieurs semaines après mon arrivée, j'ai su comment cela se passait. Je traînais dans un couloir, désœuvré, et, je ne sais pourquoi, j'ai poussé une porte entrebâillée. Là, il y avait des banquettes, de chaque côté, comme dans une salle d'attente, et, au fond, une porte surmontée d'une imposte. Au mur, il y avait des représentations de bébés ou de jeunes enfants, accompagnées de l'inscription : « Maman... Ne m'abandonne pas... »

Je considérais cet endroit, intrigué, lorsqu'une employée qui passait par là m'a aperçu :

— Eh, tu n'as rien à faire là, toi !

J'allais m'en aller, mais, je ne sais pourquoi, elle m'a demandé :

— Tu te demandes ce que c'est, ici ? Eh bien, je vais t'expliquer...

Et j'ai eu l'explication. Dans cette salle (je crois qu'il y en avait deux ou trois similaires), la porte du fond donne en effet sur la rue, directement. De l'intérieur, on peut l'ouvrir et sortir ; mais, une fois cela fait, du dehors, on ne peut plus rentrer. Lorsqu'une femme vient dans l'intention d'abandonner son enfant, elle est amenée ici, seule avec lui, face à ces images : « Maman, ne m'abandonne pas. » On la laisse là pendant une demi-heure, puis on revient. Si elle demeure résolue à l'abandon, elle sort par la porte du fond et l'enfant reste ici pour toujours. Mais, parfois, au bout d'une demi-heure, il n'y a plus personne : elle a d'elle-même franchi la porte de la rue en emportant l'enfant.

Je découvre ainsi l'un de ces purgatoires sociaux que tant de gens, de toute leur vie, n'auront pas eu l'occasion de connaître. Ils n'y auront jamais songé...

Personne ne gémit. Il n'y a qu'indifférence, tristesse ou violence. Ils attendent sans savoir ce qu'ils attendent. Pour les uns, le jugement d'un tribunal qui les confierait à tel ou tel tuteur. Pour les autres, une adoption. Pour d'autres encore, le moment d'être assez costauds pour être placés chez des paysans, où ils travailleront jusqu'à leur majorité, moyennant quoi on leur offrira le gîte et le couvert. Après quoi ils deviendront ouvriers agricoles, ou bien ils s'embaucheront ici ou là pour des travaux sans qualification… Il y a aussi, dans le hall, en bas de l'escalier, une affiche qui présente la Légion étrangère.

Et moi ? Qu'est-ce que je ferai ? Ma jambe abîmée ne me permettra guère d'envisager des travaux physiques. Quant à l'école, je n'y suis pas assez allé.

Nos journées sont rythmées par les heures d'étude, matin et après-midi. On doit faire du calcul, des dictées. Lire à haute voix. Dans ma division, c'est un religieux en soutane qui fait office d'instituteur. Il faut l'appeler « cher Frère ». Il se promène dans les rangs avec une règle, et tape sur la tête ou les doigts de ceux qui sont dissipés ou ne savent pas répondre. Je n'étudie rien du tout. Je bâcle les soustractions ou les divisions, j'écris n'importe quoi.

Nous avons beaucoup de temps libre. Ou plutôt inoccupé. Peu à peu, je m'enfonce dans ma solitude et mon dégoût. Je ne parle plus même à Daniel. Je m'assieds par terre, dans la cour, le dos contre le mur. La vie est un mur lisse, froid et gris.

Le soir, la surveillante fait l'appel, par numéro. Il faut monter jusqu'au dortoir. Ce moment-là m'est particulièrement pénible, car, à cause de ma jambe, je vais moins vite que les autres. À cela aussi, je dois m'habituer. Puis le numéro 714 enfile son pyjama et se met au lit. Il demeure longtemps sans dormir, les yeux ouverts dans l'ombre.

*

Un jour, à ma grande surprise, on m'appelle au parloir. Je me suis déjà accoutumé à l'idée que personne ne viendrait plus jamais.

Une surveillante m'accompagne. J'y suis attendu par une dame très élégante, que je ne connais pas.

— Comme tu n'es pas encore en très bonne santé, m'explique la surveillante, tu vas partir d'ici, au moins pour quelque temps. Voici Mme Bernheim...

Je lève les yeux vers elle et murmure un « bonjour, madame ».

— Mme Bernheim a bien voulu te recueillir. Elle va t'emmener chez elle. Tu respireras le bon air, tu mangeras mieux...

Je regarde avec stupeur cette dame d'une élégance cossue, aux bijoux voyants, qui me toise avec un sourire que je trouve artificiel.

— C'est bien vrai qu'il est pâlichon, ce jeune homme ! s'exclame-t-elle. Et puis, pour commencer, il va falloir vous habiller, mon pauvre petit ! Mon Dieu ! Ces nippes… J'ai bien fait d'apporter mon centimètre…

Ainsi commence, par un relevé soigneux de mes mensurations, un épisode incongru. Probablement très inquiète de me voir me murer à ce point dans mon silence, Véronique n'a cessé, durant ces quelques semaines, de multiplier les démarches en ma faveur. Elle a fait tant et si bien qu'elle est parvenue à débusquer cette Mme Bernheim, par l'intermédiaire de je ne sais quel bureau ou quelle association, et à l'intéresser à mon sort. Mme Bernheim est une femme très aisée, qui n'a pas d'enfants et souhaite accomplir cette bonne action.

Dès le lendemain, je suis à nouveau amené au parloir. Mme Bernheim m'attend de pied ferme, et, cette fois-ci, elle m'embrasse.

— C'est à peine propre, ces orphelinats ! Tu devras te mettre à l'eau de Cologne !

Elle, elle sent la poudre de riz. Près d'elle, il y a des boîtes et des sacs, qu'elle a apportés :

— Voilà d'abord de quoi te changer !

Boîtes et sacs contiennent des chemises, deux pantalons, des chaussures, tout ce qu'il faut. Je me déshabille, enfile ces nouveaux vêtements. Ce que je n'utilise pas est soigneusement plié et mis dans ma valise ; puis, tout étonné et encore mal à l'aise dans ces habits d'excellente qualité, je n'ai plus qu'à la suivre ; sa voiture, que surveille le chauffeur, nous attend devant la porte de l'orphelinat.

Et nous voilà partis pour Gondreville, dans l'Oise, où elle habite avec son mari. Les vêtements, la voiture m'ont déjà beaucoup impressionné ; mais je redouble d'étonnement lorsque je découvre leur domicile, une de ces élégantes propriétés cachées derrière de vieux murs moussus qui font le charme de l'Île-de-France. Je n'ai encore jamais vu ça. Aussitôt arrivé, je suis conduit par la bonne jusqu'à une grande chambre claire et confortable qui m'émerveille. La fenêtre donne sur un beau parc, soigneusement entretenu et fleuri par un jardinier que j'aperçois, au fond, passant avec son râteau à l'épaule. Cela leur fait déjà trois domestiques, et je n'ai peut-être pas tout vu...

À la vérité, je ne réalise pas du tout ce qui m'arrive. Je marche dans un rêve éveillé. Est-il possible que ces gens, qui possèdent tout ce que l'on peut désirer, aient eu la pensée de venir en aide à un pauvre orphelin ?

Hélas ! Je ne me doute pas que l'épisode si miraculeusement commencé va s'achever de façon pitoyable.

C'est le soir même, à table, que l'atmosphère commence à se gâter. Mon hôtesse m'observe pendant que je mange, et me fait savoir gentiment, mais fermement, qu'il va falloir apprendre les bonnes manières. Son mari me toise, manifestement furieux contre son épouse. Je devine qu'il n'est guère enchanté, lui, par cette « bonne action » de madame...

— Chère amie, vous aurez du travail, avec un tel pensionnaire, opine-t-il froidement.

Ils n'ont sans doute pas tort. Ce n'est pas à l'hôpital, où l'on mangeait comme on pouvait, au lit et sur un plateau, que j'ai pu apprendre les élégances de la grande bourgeoisie…

Seulement, moi, je ne suis pas en état d'écouter leurs remontrances. Je les regarde tour à tour et, instantanément, je me mets à les détester. De mauvaise grâce, je tâche tout de même de me plier à leurs observations et conseils, mais c'est plus fort que moi : ma fourchette heurte avec bruit la porcelaine précieuse de l'assiette ; le couteau plein de sauce, mal posé sur le porte-couverts, glisse et salit la nappe.

Je vais me coucher furieux et le cœur gros en même temps. Oui, je déteste ces gens qui font les charitables pour vous humilier ensuite. Car je suis humilié. Mais je suis bien obligé de m'avouer que j'aurais aimé, en mon for intérieur, savoir me tenir « comme il faut ».

Le lendemain, l'atmosphère se dégrade encore. Désœuvré, j'ai entrepris de faire le tour du jardin. À mon retour, le jardinier vient se plaindre : j'ai marché dans une plate-bande fraîchement travaillée. Moi, je n'ai vu là que de la terre, et ça m'a amusé, cette terre meuble où les pieds s'enfonçaient, laissant une empreinte bien nette. Malheureusement le jardinier venait d'y enfouir les oignons de je ne sais quelle fleur, et tout est à refaire.

J'appréhende maintenant l'heure du dîner. Je redoute de ne pas savoir me tenir, de subir à nouveau des remarques aigres-douces ; cette crainte suffit à accroître mes maladresses. Je décide aussitôt de ne plus paraître à table et, le lendemain, prétextant que ma jambe me fait souffrir, je me claquemure dans ma chambre.

Bref : cette adoption momentanée tourne au fiasco. J'ai beau me raisonner, me dire qu'après tout ces gens veulent mon bien, je ne les aime pas, je n'ai pas confiance en eux.

Il faut croire qu'ils partagent mon aversion, car deux jours après, au début de l'après-midi, Mme Bernheim fait irruption dans ma chambre, le visage fermé ; tout autre chose que les sourires et les minauderies du premier jour... Et je la vois qui, sans un mot, entreprend de faire ma valise.

Très bien. J'ai compris. Je serre les dents. Je ne pleurerai pas, je ne supplierai pas. Il n'y a personne pour moi dans ce monde.

Durant tout le trajet en voiture vers Paris, je demeure les bras croisés, sourcils froncés, regardant fixement devant moi. Je reconnais bientôt l'avenue, le lion monumental au milieu de la place, la façade de l'orphelinat Saint-Vincent-de-Paul.

Mme Bernheim m'accompagne dans le hall d'accueil. Manifestement, elle a déjà téléphoné pour annoncer la restitution du pensionnaire indésirable.

— Au revoir, mon petit.

J'emboîte le pas de la surveillante venue me chercher.

*

À présent, le numéro 714 traîne dans la cour, avec le costume neuf qu'on ne lui a pas repris.

Il ne dit plus rien à personne. Son visage fermé n'exprime rien.

Aujourd'hui, on s'empresserait de convoquer autour de lui psychologues et psychothérapeutes. On prodiguerait des mots savants, on s'interrogerait sur les traumatismes, le vécu, on aiderait l'enfant à « verbaliser », etc. En ce temps-là et à cet endroit-là, on n'y songe pas. D'ailleurs, est-ce que ce n'est pas la totalité de ces petits malheureux qui, à des titres divers, portent le poids de désastres intérieurs, d'expériences indicibles ?

Quand je repense à cette période, à ces jours-là, je ne me revois plus, je ne parviens pas à me rappeler ce que j'éprouve ou pense dans ce décor de bâtiments grisâtres, d'arbres poussiéreux, de « camarades » qui n'en sont pas, de mornes rituels quotidiens. À quoi je m'occupe ? Qu'est-ce qui me tourne dans l'esprit ?

Je crois que je n'attends plus rien. Je me laisse porter, passivement. Le temps, les jours, les semaines n'ont plus de sens. Cela passe, voilà tout. Mais la nuit venue, incapable de trouver le sommeil, je rumine mes questions, mes désarrois, ma révolte inutile, et souvent je pleure en silence.

Un jour enfin, comme j'erre dans la cour, poussant du pied un caillou devant moi, je suis tiré de ma torpeur par un nouvel appel de la surveillante.

— Numéro 714, parloir !

Persuadé d'avoir mal entendu, je m'approche d'elle. Elle est assez revêche, celle-là ; tout le monde s'en méfie.

— Eh ben ? T'es devenu sourd ? Y a bien écrit 714, là ?

— Oui, madame.

— Eh bien file, on t'attend !

On m'attend ?... Intrigué, je rentre dans le bâtiment et m'engage dans l'interminable couloir qui mène au hall d'accueil.

Je me demande quelle nouvelle disgrâce va me tomber sur la tête, qu'est-ce qu'on va m'annoncer, qu'est-ce qu'on va encore faire de moi. Est-ce qu'une nouvelle Mme Bernheim s'est encore proposée pour me recueillir ? Ou quelqu'un d'autre ? Mais pour aller où ?

De toute façon, je n'ai plus la force de me poser la question.

Je longe le grand couloir. Le bruit des pas dans ce vaste espace vide m'impressionne toujours ; à chaque fois, une boule se forme dans ma poitrine, je ne sais pourquoi.

La porte du parloir est entrebâillée. Je m'avance, je la pousse, et glisse un œil inquiet dans la petite pièce aux quelques chaises, au mur de laquelle veille une Sainte Vierge.

Là, assise, un sac à main posé sur les genoux, il y a une dame d'un certain âge, un peu plus vieille que dans mon souvenir, mais dont je reconnais bien vite les yeux bruns, le visage légèrement empâté, la bouche généreuse. Je demeure stupéfait, n'osant en croire mes yeux.

— Tante Régina ?

— Mon petit Maurice...

J'ai l'impression de ressentir un séisme. L'instant d'après, il n'y a plus dans cette salle d'attente qu'un môme de quinze ans, enfoui dans les bras et le cou de cette femme, agrippant des deux mains l'étoffe de son manteau, et qui pleure convulsivement, sans pouvoir s'arrêter, en sentant à son souffle qu'elle pleure, elle aussi.

16

Nous restons longtemps dans les bras l'un de l'autre. Puis elle me fait asseoir tout près d'elle, sur une chaise qu'elle a rapprochée. Nous parlons. En désordre. Je la bombarde de questions jetées en vrac, bafouillées. Comme si je redoutais surtout, en demandant la vérité, de la connaître enfin... Curieusement, ma voix me paraît étrange. Je comprendrai un peu plus tard que j'ai commencé à muer, à acquérir ma voix d'homme. Mais j'ai si peu parlé, depuis des semaines ! Comment m'en serais-je aperçu ?

En attendant, je veux tout savoir. Comment m'a-t-elle retrouvé là ? Que sont devenus tous les nôtres ? Elle s'efforce de répondre. Le petit parloir se peuple d'innombrables fantômes. Mes parents, mon petit frère, mes sœurs, nos cousins... Nous pleurons. Plus tard, nous reprendrons le récit, je saurai tout. Pour le moment, tout est confus, désordonné, et d'ailleurs seule compte cette présence à laquelle je m'accroche... J'ai tellement peur de la voir s'évanouir comme un mirage, une apparition...

Soudain je me redresse, me tourne face à elle :

— Tu vas m'emmener, dis ? Tu vas m'emmener... Tout de suite...

Hélas ! Ce n'est pas si simple. L'administration a ses exigences. On est tout prêt à me confier à une personne de ma famille, encore faut-il franchir diverses étapes, remplir des dossiers, fournir des documents.

Tante Régina s'efforce de me calmer, de me faire patienter. Elle va faire tout le nécessaire, bien entendu. Ce soir, je dormirai encore ici. Et demain. Et sûrement pendant des jours encore. Mais elle ne m'abandonnera pas.

Encore des semaines d'impatience... Elle revient aussi souvent qu'elle peut. Oui, elle a rempli tel et tel dossier... Elle attend un courrier, un document... Je patiente. Et c'est presque pire que les trois années d'hôpital.

Enfin, un matin, je suis convoqué dans le bureau de l'assistante sociale de l'orphelinat.

— Ta tante fait des démarches en vue de t'adopter et de te prendre chez elle. Elle est sur le point d'aboutir, mais nous, ici, nous voulons savoir si tu es d'accord pour vivre avec ton oncle et ta tante ?

Je n'en reviens pas. Si je suis d'accord !...

Enfin, le grand jour arrive. Je ne suis pas près de l'oublier, celui-là. De bon matin, je me suis préparé – je n'ai pas grand-chose à emporter, d'ailleurs... Je me revois dans le hall d'entrée...

Ma tante ne va pas tarder, maintenant... On m'a installé là en attendant son arrivée.

Je crois bien que si quelqu'un, à cet instant, était venu m'annoncer un contretemps, une impossibilité quelconque, j'aurais pu lui sauter à la gorge.

Et, lorsque enfin je franchis le seuil maudit de cet orphelinat, pour gagner, à quelques mètres, le taxi que Régina a frété pour venir me prendre, je crois que je vis une nouvelle naissance.

C'est fini. Désormais je vais retrouver une famille. Plus jamais d'hôpital. Plus jamais d'orphelinat.

C'est fini.

Je suis dehors. Je suis vivant.

J'ai quinze ans.

« Il te reste la vie... »

*

Collonges, dans la région lyonnaise, l'été suivant

Il fait beau. Le grand beau temps. Une légère brise agite les branches des arbres. On est bien. Je marche lentement dans les allées du parc, je m'assieds sur un banc. Face à moi, par-delà les frondaisons, se déploie la large façade de ce château du XIXe siècle que l'on a transformé en centre d'accueil pour des enfants en convalescence. Plus loin, au fond du paysage, dans une brume bleutée, on aperçoit les premières Alpes.

Ma tante Régina, soucieuse de me voir « me remplumer », selon son expression, s'est débrouillée pour me faire inscrire dans cette colonie, où l'on envoie également beaucoup d'adolescents revenus de *là-bas*. C'est l'OSE, l'œuvre de secours aux enfants, qui organise ces séjours.

Là-bas, maintenant, je sais ce que c'est. Les autres m'en ont parlé. Je sais maintenant, et tout le monde sait, où on les emmenait, les juifs... Je sais maintenant comment les miens sont morts. Car il n'y a plus de doute. Le voile s'est déchiré. Toutes les incertitudes qui m'ont torturé, ballotté entre l'angoisse et l'espérance depuis quatre ans se sont dissipées.

Le 24 juillet 1945, le ministère des Prisonniers, Déportés et Réfugiés (direction de la captivité – sous-direction des fichiers et statistiques) nous a fait parvenir le papier suivant :

> *Le chef du bureau des fichiers des déportés politiques certifie d'après des documents que possède son service que M. Grosman Motys, né en 1894 en Pologne, a été interné à Drancy du 20 août 1941 au 22 juin 1942, date de sa déportation.*

À cette date, en effet, mon père a fait partie du convoi n° 3 pour Auschwitz, où il a survécu cinq semaines avant de mourir du typhus.

Nous n'avons pas tardé à savoir tout le reste. Arrêtés le 16 juillet 1942, ma mère, mon frère Simon, mes sœurs Eva et Berthe ont passé deux jours au Vél d'Hiv avant d'être emmenés à

Drancy. Le 5 août, ils firent partie du convoi n° 15. Même destination.

Ma demi-sœur Madeleine, qui m'avait écrit du Limousin en juin 1943, a été arrêtée en novembre suivant avec son mari et leur fille, alors qu'ils tentaient de passer en Suisse. Ils avaient été refoulés à l'entrée de ce pays, je ne sais pourquoi. Transférés dans le camp de Gurs, ils furent déportés à Auschwitz par le convoi n° 62 du 20 novembre 1943.

Tous ont connu l'interminable horreur du voyage, entassés dans les fourgons à bestiaux. Tous ont franchi ce seuil terrible où l'on pouvait lire *Arbeit macht frei.* Tous ont fini dans la fumée noirâtre sortant des grands fours crématoires.

Tel était le secret unique des lettres sans réponse, qui revenaient avec la mention « *N'habite plus à l'adresse indiquée* ». Moi, si je suis encore là aujourd'hui, c'est parce que ni les Allemands ni la police française n'ont songé à aller s'enquérir d'un enfant dans on ne sait quel hôpital. Un de plus ou de moins…

Et je dois me convaincre d'une réalité où se condense toute l'absurdité de l'existence : ce « camarade » haineux qui m'a flanqué un coup de pied, il y a maintenant quatre ans, à la sortie de l'école, rue Foyatier, c'est à lui que je dois la vie.

Quant à ma tante Régina et à son mari, ils m'ont raconté en détail l'éprouvante odyssée au prix de laquelle ils ont survécu.

*

En fait, dès la fin du printemps 1942, des rumeurs avaient commencé à courir sur l'éventualité de rafles. Puis, au lendemain du 16 juillet, Régina avait appris que ma famille avait été emmenée. Mais où ? Impossible de le savoir. On parlait de Drancy, mais il était de toute façon hors de question d'aller se renseigner sur place.

Dans leur propre affaire de maroquinerie, un gérant « aryen » avait été nommé. Ma tante et son mari n'avaient plus qu'un seul droit, celui de travailler sous le contrôle et la surveillance de ce personnage ; il les avait tout bonnement avertis que, s'ils refusaient de coopérer, ils subiraient le même sort que les autres. Bref, si on ne les embarquait pas, c'était parce qu'on avait besoin de leurs bras… pour le moment.

Cette situation ne présageait évidemment rien de bon, et il fallait faire quelque chose. Mais quoi ? Ils tentèrent le tout pour le tout. À ce moment-là, subsistait encore ce qu'on appelait la zone libre, ou plus précisément la zone non occupée, car pour ce qui était de la liberté… Régina avait entendu dire que, moyennant finances, des passeurs aidaient ceux qui le souhaitaient à franchir clandestinement la ligne de démarcation. De l'autre côté, les juifs n'étaient pas inquiétés… pour le moment du moins.

Ils réunirent ce qu'ils avaient de plus précieux qui pût être emporté, bijoux, argent liquide. Régina cacha la moitié de la somme d'argent dans un sac qu'elle confia à sa belle-sœur, la femme de mon oncle Jacques, en lui disant :

— Si jamais nous ne revenions pas, il y a là une certaine somme d'argent. Tu pourras en disposer. Si nous revenons, tu me les rendras ; cela nous permettra de redémarrer.

Les filières de passeurs procuraient également de faux papiers dépourvus du fatidique coup de tampon indiquant « juif ». Ils en achetèrent trois, pour eux-mêmes et pour Léon, le jeune garçon qu'ils avaient recueilli. On leur octroya de nouveaux noms ; ils étaient désormais censés être des Polonais catholiques. Tous ces préparatifs durent être menés dans la plus grande discrétion pour ne pas éveiller les soupçons du gérant.

Enfin, vers la fin juillet, ils quittèrent la rue Lucien-Sampaix à la cloche de bois et prirent sans encombre le train à la gare de Lyon.

À la frontière des deux zones, tout le monde devait descendre. De chaque côté de la sortie de la gare se trouvaient la police allemande et la police française. Cette dernière était la plus dangereuse, car c'était elle, principalement, qui contrôlait les papiers. Une file d'attente se formait là, et c'est alors que le drame eut lieu.

Léon, qui atteignait ses dix-sept ans, avait une passion qui chez lui confinait à la manie : la lecture. Il lisait tout le temps, dès qu'il avait un instant de libre, après son travail, en mangeant, aux toilettes, et même parfois en marchant dans la rue. Pendant qu'ils attendaient leur tour dans la file, il tira son livre de sa poche et s'y plongea.

Régina et Srulké présentèrent leurs papiers et passèrent sans difficulté. Mais Léon, absorbé par sa lecture, était resté un peu en arrière. Un des policiers trouva bizarre ce jeune garçon tout seul, qui semblait vouloir se cacher derrière son bouquin.

— Vérification, prononça-t-il après avoir soupçonneusement examiné la carte d'identité.

C'était la catastrophe. À trois mètres de là, impuissants, mon oncle et ma tante contemplaient la scène. Déjà Léon était confié à deux policiers pour qu'ils l'emmènent au commissariat.

Le passeur, qui craignait pour lui-même, les enjoignit de ne pas traîner : la police ne tarderait pas à remarquer ce couple immobile à l'air inquiet. Il fallut s'éloigner. Une fois hors de vue des policiers, ils supplièrent leur guide de faire quelque chose. L'homme secouait la tête, très agité :

— Pas facile. Ils vérifient tout, vous voyez ce que je veux dire ? Le gamin est circoncis, non ?

L'homme partit néanmoins, promettant de faire ce qu'il pourrait. Ils attendirent jusqu'au soir, torturés d'inquiétude, risquant à tout moment d'être repérés. Puis leur passeur reparut, seul. Il n'avait rien pu faire. Peut-être même n'avait-il pas essayé, comment savoir ? En tout cas, ils ne pouvaient plus rester là.

Il fallait se résigner à l'horreur : abandonner le malheureux Léon à son sort. De combien de cauchemars ma tante et son mari durent-ils payer un tel moment ? Moi, j'écoutais leur récit, et je m'efforçais d'imaginer ces minutes terrifiantes.

Ils devaient découvrir après la guerre qu'il avait été déporté par le convoi n° 15, celui-là même où se trouvaient ma mère, mes sœurs et mon frère.

Ils parvinrent à Grenoble, où ils demeurèrent quelque temps. Mais, en novembre, l'armée allemande envahit le reste de la France. Fin du répit : désormais les rafles sévissaient partout. L'effroyable machine administrative franco-allemande, obsédée jusqu'à la folie, voulait éliminer tous les juifs, jusqu'au dernier, et déployait dans ce but des efforts redoutablement efficaces.

Régina n'avait pas choisi Grenoble par hasard : c'était le chemin de la Suisse, où sa sœur s'était établie depuis longtemps. Ils décidèrent de tenter leur chance. Cela revenait une fois encore à confier leur vie à des inconnus, autrement dit à jouer à pile ou face. Il y avait, on l'a su par la suite, des gens sincères qui prirent de gros risques pour cacher des juifs ou les aider à quitter le pays. Beaucoup furent sauvés par ces dévouements obscurs. Mais pour d'autres, ce n'était qu'un commerce juteux, et dès lors tout était possible. On racontait que certains se faisaient payer d'avance, et ne venaient pas au rendez-vous. D'autres emmenaient les fuyards, mais, au cours du voyage, augmentaient le prix sous n'importe quel prétexte, jusqu'à les dépouiller complètement. Après quoi ils les abandonnaient à leur sort... ou même les livraient aux Allemands.

Autre difficulté : les Suisses n'acceptaient d'accueillir que les couples avec enfants. Régina et Srulké se mirent d'accord avec des relations. Ils prirent avec eux un petit-cousin, Marcel, ainsi qu'un enfant de deux ans dont les parents n'avaient pas les moyens de payer un passeur ; ma tante paya pour tout le monde. Des parents acceptaient ainsi de se séparer de leurs enfants, dans l'espoir incertain qu'eux, au moins, survivraient.

Gagner la Suisse ne se faisait pas aussi aisément que de quitter Paris par le train. Ce furent, cette fois, des rendez-vous clandestins où ils arrivaient le cœur battant, sans savoir si ce ne seraient pas les Allemands qui viendraient à votre rencontre. Des trajets interminables, en voiture ou en camion, sur des routes secondaires qui n'en finissaient pas de sinuer dans les montagnes. Des haltes dans des fermes ou des auberges, où il fallait attendre le convoyeur suivant.

Et puis un beau matin le miracle eut lieu : ils étaient en Suisse. On les installa dans les camps de réfugiés que les autorités avaient établis un peu partout sur le territoire. Ils ne devaient regagner la France qu'au début de l'été 1945, plus d'un an après la libération de Paris.

— On s'est même demandé si on ne resterait pas là-bas ! m'expliqua tante Régina. La France était libérée, d'accord, mais on ne savait pas ce qui nous attendait... Est-ce qu'on pouvait être sûrs que désormais on nous laisserait tranquilles ? Mais, de toute façon, là-bas, ils ne voulaient pas garder tout le monde.

Quant à mon oncle Jacques, j'appris aussi quel avait été son sort durant tout ce temps. Cela m'avait profondément déçu. Nul ne sait par quel miracle il put échapper aux rafles. Sa femme et lui vécurent terrés dans leur atelier de la rue Charlot. Leur fils, qui avait tenté avec sa fiancée de passer en zone libre, fut arrêté et déporté. La jeune femme mourut là-bas. Quant à lui, le hasard voulut qu'il retrouve là un beau-frère, lequel, ayant été affecté à l'atelier de confection des vêtements – les tristement célèbres costumes rayés –, bénéficiait d'un peu plus de nourriture qu'ils partagèrent. C'est ainsi qu'ils purent survivre.

À leur retour, Régina et Srulké se rendirent rue Charlot, ne sachant pas si l'oncle Jacques et sa femme avaient été arrêtés aussi. Ils eurent la bonne surprise de découvrir qu'ils étaient toujours là. Ils apprirent que j'avais survécu et que je me trouvais dans un orphelinat de l'Assistance publique. Et c'est ainsi que le numéro 714, alors qu'il n'attendait ni n'espérait plus rien, fut appelé au parloir un après-midi.

Je revivais enfin.

Régina et Srulké n'avaient pas encore récupéré leur domicile, rue Lucien-Sampaix ; il avait été octroyé à un « bon Français » qui s'y trouvait fort à son aise, et qu'il fallut finalement payer pour le décider à partir. Dans l'intervalle, nous vécûmes entassés dans l'atelier de l'oncle

Jacques, dormant sur des matelas alignés au sol, que nous devions enlever chaque matin pour que le travail pût reprendre. Mais ce local où je vivais à nouveau parmi les miens, entouré de cette affection que seule donne une famille, était pour moi mieux qu'un palais... Je compris que, désormais, nous ne pourrions compter pour vivre, ou pour revivre, que sur nous-mêmes. Nous étions liés à tout jamais par le cauchemar que nous avions traversé, et par tous ces morts, les nôtres, dont les ombres nous accompagneraient pour toujours.

*

Voilà à quoi je repense, maintenant, à Collonges, dans ce grand parc paisible, où j'absorbe par tous mes sens, avec un appétit jamais rassasié, l'air et la lumière. J'éprouve la sérénité empreinte de fatigue de ceux qui sortent enfin d'une longue souffrance. Chaque instant de ma vie quotidienne semble un immense soupir de soulagement.

Je puise l'énergie de vivre dans ce ciel, dans ce soleil, dans les grands arbres qui m'entourent, dans la tiédeur de la terre ou la fraîcheur de l'herbe, comme dans la cour de l'hôpital, la première fois que j'ai pu à nouveau marcher.

Mais je sens aussi qu'en moi les souvenirs les plus noirs creusent leur sillon, s'installent et se gravent à jamais, laissant des cicatrices profondes dont la douleur, sans doute, se réveillera de loin en loin.

J'aperçois David qui s'avance dans l'allée ; il vient s'asseoir près de moi.

— Ça va, Maurice ? On se soigne bien, ici, hein...

Je me suis lié d'amitié avec David. Il parle bien le français, quoique avec un assez fort accent. Il vient de Pologne. Via Auschwitz. On a fini par le ramener en France où vit une partie de sa famille. Il est gras comme un cent de clous. Mais je me souviens de l'état dans lequel il était à son arrivée. C'est le jour et la nuit.

— Qu'est-ce que tu feras, une fois reparti d'ici ? me demande-t-il. Tu vas continuer les études ?

Je hoche négativement la tête.

— J'aimerais bien, mais je ne pourrai pas. Ma tante m'a dit qu'elle avait besoin de mes bras. Elle a pratiquement tout perdu, et elle doit s'occuper de tout le monde. Il va falloir travailler.

Il approuve en silence, puis désigne ma jambe :

— Et ça ? Ça va donner quoi ?

— Ça ne se réparera pas. Je boiterai toujours... Je ne sais pas comment je vais trouver une femme, avec ça.

Il sourit :

— Ne dis pas de bêtises. Il y a des filles qui ont dit qu'elles te trouvaient beau.

Il est gentil, David. Mais je reste mélancolique :

— De toute façon, c'est déjà bien que je m'en sois sorti. J'ai eu de la chance. Comme nous tous...

David réfléchit un moment. C'est un garçon très sérieux, posé, qui ne dit rien au hasard. Quand il émet une opinion ou un avis, on sent qu'il a pris soin d'examiner, d'interroger, de peser le pour et le contre.

— Ce n'est pas toujours de la chance, reprend-il enfin. Je ne t'ai pas raconté comment je m'en suis tiré, moi ?

Il s'interrompt, regarde au loin, puis commence à parler :

— Au ghetto, là-bas, à Varsovie, j'étais cireur de chaussures. Je savais faire ça, et ça me permettait de ne pas mourir de faim. Un jour, un officier allemand dont je venais de nettoyer les bottes, et qui, je ne sais pourquoi, m'avait pris en sympathie, m'a dit : « Ne monte jamais dans un train. Si on t'arrête et qu'on veuille te faire monter dans un train, débrouille-toi, sauve-toi, mais surtout n'y va pas. » Je n'ai pas compris ce qu'il voulait dire, et puis, de toute façon, le jour où j'ai été à mon tour dans la rafle, il a bien fallu que j'y monte, dans le train... Seulement, à l'arrivée, j'ai compris ce qu'il voulait dire, l'Allemand.

Il marque une pause, les yeux toujours perdus au loin.

— Ils ont commencé par faire le tri. Les uns étaient directement envoyés dans les baraquements ; les autres devaient monter dans un camion qui se trouvait là. Personne ne savait ce qui allait se passer, mais je me suis souvenu de ce que ce type m'avait dit. Et, quand on a voulu me faire monter dans le camion, j'ai filé en courant. Il y avait une ambulance qui était là, je ne sais pas pourquoi. Je me suis mis à l'intérieur. Ils m'ont rattrapé, ils m'ont traîné vers le camion, j'ai dû monter... À peine ils ont eu le dos tourné, j'ai sauté à nouveau et je suis reparti au galop ! Je ne voulais pas aller dans ce camion, je sentais qu'il ne fallait pas que j'y aille. Pour finir, en me débattant parce qu'ils m'avaient rattrapé une seconde fois, j'ai interpellé un officier qui regardait la scène et je lui ai dit : « Je suis trop jeune pour mourir. J'ai treize ans et je veux vivre. Je sais cirer les bottes. Si vous voulez, je cirerai les vôtres tellement bien que vous pourrez vous regarder dedans ! » Tu me croiras si tu veux : ça a marché. Le type m'a regardé, il avait l'air abasourdi... Puis, d'un geste, il a fait signe de me laisser aller vers les baraquements.

— Et ils allaient où, avec le camion ?

— La chambre à gaz, direct... Ça, mon vieux, je l'ai su ensuite. Après ça, j'ai ciré les bottes du Schleu. J'ai eu l'autorisation de circuler d'un bloc à l'autre. Quand par hasard on pouvait partager un peu de pain, soulager ceux qui étaient le plus affaiblis, c'est moi qui m'en chargeais... De toute façon, j'avais décidé qu'ils ne m'auraient pas. C'est peut-être idiot, ce que je vais te dire, mais je suis sûr d'une chose : si je suis vivant aujourd'hui, je ne le dois qu'à moi.

Il se tait. Son histoire est finie. Je reste silencieux également. Je suis impressionné. Ce que j'ai vécu, et qui m'a paru si accablant, c'est si peu en regard de ce que lui a traversé...

Je repense à un autre camarade, qui m'a raconté lui aussi son histoire. Il avait quinze ans quand il s'est retrouvé à Auschwitz, dans la file qui attendait de se présenter à l'officier allemand faisant la sélection : ceux qui iraient dans les baraquements... ceux qui allaient mourir. Au moment où son tour allait arriver, un coup de vent emporta la casquette de l'officier. Dans un réflexe spontané, il courut après, la rapporta à l'Allemand, puis reprit sa place dans la file. Lorsque vint son tour, l'officier le regarda :

— Ah... C'est toi qui as ramassé ma casquette ?

Il acquiesça.

— Bien... Mets-toi là.

L'homme le fit mettre à l'écart. Il avait échappé ainsi à la file des condamnés à mort.

Alors ? La volonté de survivre, comme le pensait David ? La chance, tout simplement ? Le hasard ? Je ne l'ai jamais su. Je ne le sais toujours pas.

Notre méditation est interrompue par le son clair d'une cloche, dans l'entrée du château. David, se levant prestement, me tape sur l'épaule :

— C'est le dîner. Tu viens ? Moi, j'ai une de ces faims...

J'approuve, et je me lève à mon tour. Nous marchons tous deux en direction du château. Et je m'aperçois alors que, moi aussi, j'ai faim.

Une faim d'ogre, comme je n'en ai pas éprouvé depuis bien longtemps.

Un appétit à dévorer le monde.

Postface

Je relis ce récit où, tant d'années après, j'ai voulu faire revivre l'enfant que j'étais et revoir avec ses yeux l'aventure qu'il a traversée. Je l'ai campé dans son décor, j'ai reconstitué autour de lui les personnages, les conversations ; j'espérais que les lecteurs d'aujourd'hui, et surtout les plus jeunes, pourraient ainsi le suivre pas à pas. On appelle cela, je crois, « romancer ». J'ai un peu romancé, j'ai modifié des noms. Et il n'est pas impossible que la mémoire m'ait joué des tours sur une date, sur tel ou tel détail. Et pourtant tout est vrai, tout est bien vrai, l'essentiel : la solitude, l'angoisse, l'obscure énergie de survivre.

Et puis il est arrivé que des proches, des amis, à qui je donnais ce texte à lire, m'interrogent : ils voulaient savoir comment je voyais aujourd'hui ce qui n'apparaît, dans ces pages, qu'à travers le regard et les sentiments d'un enfant de douze à quinze ans. Une des questions les plus fréquentes était d'ordre psychologique. « Aujourd'hui, me disait-on, on se préoccuperait des traumatismes vécus par cet enfant. Et quand on voit comment vous avez traversé l'épreuve, on est tenté de parler d'un véritable cas de "résilience", pour reprendre la notion étudiée par Boris Cyrulnik. »

C'est vrai. Aujourd'hui, chaque fois que se produit un événement grave, catastrophe naturelle, accident, violence, des psychologues surgissent, s'efforçant de venir en aide aux victimes, de les tirer de leur détresse, par-delà les aspects physiques et matériels du drame. À cette époque, dans mon hôpital, rien de semblable : on soignait les corps, comme on pouvait, mais nullement les âmes. Personne, je crois, ne s'est demandé si je ne traînerais pas toute ma vie les séquelles de cette situation affective pathétique. Et, de fait, dans ce long tunnel d'abandon et de souffrance qui a duré quelque trois ans, je n'ai pas moralement sombré. Pourquoi ?

Me retrouvant seul dans les hôpitaux, j'ai eu très vite le pressentiment, la quasi-certitude, que j'avais perdu toute ma famille, que je ne les reverrais plus jamais. Si je ne recevais pas de nouvelles de ma mère, de mon frère et de mes sœurs, c'était parce qu'on les avait pris, comme on avait pris mon père l'année précédente. Je le sentais, je le savais. Alors, j'ai rassemblé toutes mes forces pour me résigner à cette idée. Je me suis considéré comme orphelin.

Je crois que ce qui m'a donné l'énergie nécessaire provenait de mon appartenance juive. Cette ressource, nous l'avons tous, nous, les juifs, dans notre mémoire collective, je dirais presque dans nos veines. Cela faisait deux mille ans que nous étions persécutés, chassés, un peu partout, que ce soit en Pologne, en Russie avec les pogroms, ou, plus tôt, dans l'Espagne des rois catholiques. Même ceux qui étaient protégés, comme ce fut le cas des « juifs du pape », devaient payer le tribut de leur protection, et savaient qu'ils restaient à la merci d'un changement de règne ou d'une décision politique arbitraire. Cette longue histoire, je crois, se transmettait, d'une façon ou d'une autre, à l'intérieur de nos familles. Elle a créé des réflexes. Un enfant reçoit sans le savoir les messages qui lui proviennent des siens. J'avais sans doute, dès la petite enfance, eu la conviction que rien n'était acquis ni assuré, que tout pouvait s'écrouler.

Je me suis donc dit : « Tu es orphelin. Tu n'as plus personne. À toi de te débrouiller. » Ma première préoccupation fut ma santé : est-ce que je m'en sortirais ? Nombre des enfants qui m'entouraient, on l'a vu, mouraient d'infection généralisée ou de méningite. La première pulsion était de rester vivant. Ensuite, il y a eu la question de ce que je ferais après l'hôpital : personne ne se présentait pour me récupérer. Allais-je crever de faim dans les rues ? Ce fut pour moi une hantise, une terreur. Je me suis retrouvé à l'Assistance publique, puis je fus recueilli par ma tante. J'étais, pour l'essentiel, sauvé. À partir de là, il n'y eut qu'un impératif : vivre. Travailler. Gagner son pain. Cela primait tout. Pas de temps pour l'introspection...

En réalité, à aucun moment de ma vie je ne me suis véritablement senti un enfant. J'ai toujours été un adulte. Aussi loin que je me souvienne, j'avais conscience d'un danger, et de ce défi qui pouvait survenir à tout moment : survivre ! J'avais vu mon père et ma mère trimer dur pour gagner, avec mille difficultés, de quoi nous nourrir et nous élever. J'y ai songé souvent en regardant mes petits-enfants, qui ont été (heureusement !) préservés de toutes ces misères. Je vois leurs chambres regorgeant de jouets de toutes sortes. Si on leur en offre un nouveau, ils s'en émerveillent pendant un moment, puis ils l'oublient... Moi, je n'ai jamais eu de jouets, à part les billes, à l'école... Et aussi, une fois, une petite voiture. On m'avait emmené à l'hôpital Saint-Louis, où l'on soignait la gale ; à cette époque, les enfants attrapaient souvent la gale ; c'était dû à la mauvaise qualité du pain durant l'Occupation. Ma tante Régina est venue me voir et m'a apporté cette petite voiture. Cela m'a semblé absolument extraordinaire ! C'est le seul jouet que j'aie jamais eue. Pour le reste, ce que je voyais autour de moi, c'était la pauvreté, le travail. Et la menace. Avant même mon hospitalisation, j'avais déjà vu la police bloquant une rue pour des contrôles d'identité. Tout cela, c'est une forme d'éducation. Cela trempe le caractère, en un sens. Non, je n'ai jamais été un enfant. Elle tient à cela, sans doute, la résilience : j'étais armé depuis le début.

Je me suis donc retrouvé, à quinze ans révolus, dans cette nécessité absolue de travailler. Je n'avais pas été bien longtemps à l'école. Je le regrettais. Je l'ai dit à ma tante. Elle me comprenait, mais elle m'a répondu : « J'ai besoin de tes bras. » Nous n'avions pas, je n'ai pas eu le choix. On m'a souvent demandé, aussi, si j'avais éprouvé de l'ambition, un désir de revanche sociale. Je ne sais pas si ces expressions conviennent. Ce qui est sûr, c'est qu'après ma guérison et mon retour à une vie « normale », je n'ai eu que cette idée en tête : m'en sortir, réussir économiquement. Créer les conditions qui nous mettraient à l'abri, moi et les miens. Et, pour cela, travailler, travailler tout le temps, ne pas compter les heures ni mesurer les efforts. Une obsession. Je ne distinguais pas clairement où cela me mènerait, mais je m'y suis jeté avec toute mon énergie.

C'est ce qui m'a permis de réussir, et de créer à partir de rien une entreprise florissante, aujourd'hui dirigée par mes fils. Assez rapidement, je m'étais forgé une conviction : l'avenir était dans la distribution, et non pas dans la fabrication des vêtements. Aussi, quand l'occasion s'en est présentée, ai-je acheté un petit magasin de trente mètres carrés, rue de Vaugirard ; puis un deuxième... Puis d'autres. À chaque fois, j'ai pris de gros risques financiers. Je devais travailler dur pour compenser ces investissements. Cela m'amène à une troisième question qui m'a souvent été posée : Durant toute cette époque, repensiez-vous beaucoup à ces souvenirs tragiques, à votre famille disparue, à vos longues épreuves sur un lit d'hôpital ?

La réponse est non. Pendant la plus grande partie de ma vie, j'ai évacué les souvenirs de la guerre. Je me suis marié, j'ai eu des enfants, il fallait les élever… Je n'avais pas le temps de penser à autre chose.

Je n'étais pas le seul dans ce cas, et peut-être peut-on trouver là une des raisons du silence que de nombreux juifs, pendant de longues années, ont gardé sur les souvenirs de l'holocauste. Qui avait envie de les évoquer, ou de les entendre évoquer, ces souvenirs ? La France d'après-guerre se rue tout entière dans la reconstruction, puis dans l'expansion. Elle ne veut plus se rappeler ses années noires, époque de tant de souffrances et de hontes. L'un de mes cousins, à qui je demandais pourquoi il ne parlait jamais de ce qu'il avait vécu dans le camp d'extermination où il avait été détenu, m'a répondu ceci : « Un jour, j'étais à table avec des amis, et j'ai commencé à en parler. Au bout de quelques instants, je me suis aperçu que cela ne les intéressait pas. Sans doute même cela gênait-il plus ou moins tout le monde. Cela jetait un froid. Je l'ai senti. Alors, j'ai définitivement renoncé à aborder le sujet. »

Pour toutes ces raisons, nous avons été nombreux à occulter ces souvenirs. Et ce n'est que bien plus tard, lorsque j'ai pu « dételer » et confier à mes fils les rênes de l'entreprise, qu'ils se sont imposés à nouveau à ma mémoire. Obstinément. Douloureusement. À la vérité, j'y pense tout le temps, je me couche avec, je me réveille avec. Et la même révolte, la même incompréhension m'envahissent. Et la même question : pourquoi ?

Mon père était très pieux et avait eu le souci de me transmettre sa foi religieuse. Dans mon cas, elle n'a pas survécu à ces années durant lesquelles la machine de mort a tué volontairement, méthodiquement, des millions de gens. Parmi les innombrables récits et témoignages qui disent cette horreur, je voudrais en citer un. Un de mes amis, ancien déporté, m'a raconté qu'il a été emmené dans une chambre à gaz. On allait fermer la porte. Au dernier moment, contrordre : on venait d'amener un convoi de milliers d'enfants hongrois. Il fallait les gazer tout de suite. On a donc évacué les adultes qui étaient là, remettant leur exécution à plus tard. Si mon ami est vivant, c'est pour cette raison ! À cause de tous ces enfants dont la mort était plus urgente aux yeux des responsables nazis ! Des décennies plus tard, cela le torture encore et toujours. Oui, cette machine effroyable a fonctionné. Méticuleusement. Avec les listes, les numéros, les tatouages, les registres soigneusement tenus de l'assassinat en masse ! C'est même pour cette raison que nous avons consigné toutes les dates, dans chaque mémorial. Alors, si Dieu existait, ça se saurait !

Il m'arrive d'aller à la synagogue, rarement, lors des grandes fêtes ; je le fais par respect pour la mémoire de mon père. Mais je n'y crois plus.

Je crois en revanche à une certaine idée du destin, qui prend la forme de la chance ou du hasard. Tout le monde en a fait l'expérience. Vous êtes invité à une soirée, un dîner. Là, vous faites la rencontre de celui ou celle qui deviendra votre mari ou votre femme. Vous auriez pu ne pas vous rendre à cette invitation, ce jour-là, à cause d'une autre obligation, ou simplement par fatigue… Mais vous y êtes allé ; il fallait que vous y alliez. Et cela a changé votre vie. C'est aussi simple que ça, et aussi inexplicable. Pourquoi, sur les cinq enfants que nous étions dans ma famille, suis-je le seul à avoir survécu ? Il a fallu le coup de pied d'un gamin de l'école. Il a fallu ce médecin qui m'évite d'être évacué de l'hôpital en même temps que les autres patients juifs. Il a fallu ce même médecin qui se ravise au sujet du « traitement miracle » des Américains, et me le refuse après me l'avoir accordé !

Tout survivant n'a dû sa survie qu'à une succession de chances. Des déportés, sauvés par les Russes ou les Américains, et à qui l'on a donné à manger trop vite ou trop abondamment, sont morts à cause de cela. Ils avaient échappé à tout, aux privations, au froid, au gazage, aux épidémies, et ils sont morts d'avoir mangé… Celui qui une fois, une seule fois, n'a pas eu de chance, n'est plus là pour le raconter.

Cette « chance en plus », moi, je l'ai eue. Je ne saurai jamais pourquoi. Elle m'emplit parfois d'une culpabilité qui n'aura pas d'issue, et d'une interrogation qui n'aura jamais de réponse.

Elle fut ma vie. C'est tout.

Cet ouvrage a été composé et mis en pages
par Facompo à Lisieux

Impression réalisée par

CPI
Brodard & Taupin

La Flèche
en février 2009
pour le compte des Éditions de l'Archipel
département éditorial
de la S.A.S. Écriture-Communication

Imprimé en France
N° d'impression : 51385
Dépôt légal : mars 2009